북한을 읽다,
지속가능발전 프로젝트

북한을 읽다, 지속가능발전 프로젝트

초판 1쇄 발행 | 2019년 7월 10일

지은이 | 구애림, 조정훈, 조진희
펴낸이 | 박상두
편집 | 이현숙
디자인 | 김성하
제작 | 박홍준
마케팅 | 박현지

펴낸곳 | 두앤북
주소 | 04554 서울시 중구 충무로 7-1, 506호
등록 | 제2018-000033호
전화 | 02-2273-3660
팩스 | 02-6488-9898
이메일 | whatiwant100@naver.com

값 | 16,000원
ISBN | 979-11-963592-7-0 03320

이 도서의 국립중앙도서관 출판예정도서목록(CIP)은 서지정보유통지원시스템 홈페이지(http://seoji.nl.go.kr)와 국가자료종합목록 구축시스템(http://kolis-net.nl.go.kr)에서 이용하실 수 있습니다. (CIP제어번호 : CIP2019025216)

북한을 읽다

지속가능발전 프로젝트

두앤북

한반도의 새로운 도약을 향한 첫걸음

오늘의 우리에게 지속가능성은 선택이 아닌 필수 가치가 되었다. 지속가능성의 중요성을 일찌감치 깨달은 국가들은 정부를 중심으로 경제와 사회, 환경이 조화와 균형을 이루는 사회를 만들기 위한 변화의 노력을 지속해오고 있다. 그러나 다른 대부분의 국가들은 이제 겨우 걸음마 단계에 있거나 지속가능성 중심의 삶을 배워가는 과도기 상태에 놓여 있다. 우리 대한민국 역시 과거의 발전 방식에서 완전히 탈피하지 못하고 인식의 전환과 실천 방안을 모색하는 과정에 있다. 북한은 더 말할 나위도 없다.

인류가 당면한 온갖 위기들을 생각할 때 우리에게 남은 기회와 시간은 그리 많지 않다. 하루라도 먼저 남북한이 손을 잡고 전 세계의 발전 흐름에 적극 동참하여 지속가능성의 프레임으로 한반도의 미래를 새롭게 설계할 필요가 있다.

SDSN코리아는 그동안 유엔의 SDGs(지속가능발전목표)를 달성하기 위한 중장기적 대책을 마련하고 정부와 기업, 시민단체와 함께 보다 근본적이고 실질적인 문제 해결에 박차를 가해왔다. 하지만 아직도 갈 길은 멀고 전진은 더디기만 하다. 이러한 상황에서 UN의 SDSN에서 발표한 보고서를 활용하여 의미 있는 분석을 시도한 이 책이 반갑고 소중하게 다가온다. 시의적절할 뿐만 아니라 북한을 넘어 한반도가 가야 할 지속가능성의 길을 닦는 초석으로 작용할 것이기 때문이다.

이 책은 SDGs에 비추어 북한의 구석구석을 평가하고, 분석하고, 중점 과제와 해결의 방향을 제시한다. 한마디로 북한이 나아가야 할 길을 비추는 이정표와도 같다. 부족한 자료와 어려운 환경에도 불구하고 값진 성과를 올린 저자들에게 감사와 경의를 표하며, 북한과 대한민국, 한반도가 지속발전의 단계로 도약할 수 있는 첫걸음이 되리라 확신한다.

SDSN코리아 회장

양수길

우리가 만들어갈 북한의 미래, 한반도의 미래

20세기 후반부터 국제사회에 등장한 새로운 화두가 있다. 바로 '지속가능발전(Sustainable Development)'이다. 성장을 지상 목표로 내달려온 사람들이 과연 현재의 살아가는 방식과 환경이 지속가능한지에 대해 의문을 품기 시작하면서 인류 역사의 흐름에 브레이크가 걸리게 되었다. 지구환경의 파괴뿐 아니라 세계적인 불평등의 심화와 끝없는 분쟁과 폭력이 다가올 미래를 불안하게 만들었기 때문이다.

우리 대한민국도 예외가 아니다. 일제강점기와 한국전쟁으로 만신창이가 된 나라에서 성장은 누구도 의심하지 않는 최고의 가치이자 절대 명제였다. 국민들은 여름날의 개미처럼 일하면서 '한강의 기적'을 일구었고, 1960년대부터 이어진 30여 년간의 두 자릿수 성장률은 대한민국을 세계의 경제대국으로 탈바꿈시켰다. 이름하여 초고속 압축성장의 결과였다. 하지만 우리가 이룬 기적은 또 다른 상처와 문제들을 동반했다. 대기업 중심의 경제구조, 소득과 자산의 양극화, 사회공동체의 붕괴로 행복지수는 OECD국가들 중 최하위권에 머물게 되었고, 자살률은 줄곧 세계 1위를 유지하고 있다. 그러면서 물질적 성장만으로는 사회도 개인도 행복할 수 없다는 사실을 절감하게 되었고, 경제적 성장을 넘어 인간과 사회를 총체적으로 인식하고 접근하는 지속가능발전이라는 개념에 주목하게 되었다. 이와 함께 정부와 기업들을 중심으로 지속가능한 정책과 방법을 실천하려는 노력들이 나타났다.

북한은 어떤가? 북한이 앞으로 걸어야 할 길은 어느 쪽일까? 70년의 분단체제가 만들어온 남북의 격차를 좁히는 일이 시급한 상황에서 북한의 경제가 지금보다 훨씬 더 발전해야 한다는 점에는 누구나 동의한다. 남북이 윈윈할 수 있는 협력사업을 통해 서로를 이해하며 동질화해야 한다는 말에도 이의를 제기하는 사람은 없다. 문제는 방식이다. 북한의 개발은 어떤 식으로 이루어져야 할까? 남한이 걸어온 초고속 압축성장의 재현이 되어야 할까?

과거 식민지의 역사에서 그에 대한 힌트를 얻을 수 있다. 본국 사람들이 식민지에 접근하는 방식은 크게 2가지다. 첫째는 가족 모두가 새로운 땅으로 건너가 정착하는 것이고, 둘째는 가장이 홀로 갔다가 돌아오는 것이다. 첫째 방식은 이민자가 경제적 이득이나 종교의 자유 등을 얻기 위한 것이지만, 동시에 정착한 땅에 투자와 관심을 쏟는다. 자신이 선택한 땅을 살 만한 곳으로 만드는 것이 자신에게도 이익이 된다고 생각하기 때문이다. 반면에 둘째 방식은 하루속히 돈을 벌어서 본국으로 돌아오는 것이 유일한 목표다. 제국의 지배가 식민지의 발전에 기여한다는 이른바 '식민지 근대화론'을 옹호할 생각은 없지만, 전자의 경우 사회간접자본이 축적되고 제도적 질서가 형성되지만, 후자의 경우는 책임의식의 부재로 수탈이 횡행하여 폐허의 모습만 남긴다.

한 기업의 북한 담당 임원으로부터 "오늘날 북한에 대한 관심은 투자가 아닌 투기다"라는 말을 들은 적이 있다. 북한 개발에 관심 있는 기업들과 투자자들은 이에 대해 어떻게 생각할까? 실제로 북한을 지속가능발전의 시각을 바라보는 사람이 얼마나 될까?

이야기를 들어보면 우리가 경험한 초고속 압축성장만이 지금의 북한 경제를 일으켜 세울 수 있는 답이라고 생각하는 이들이 다수를 이룬다. 필자들은 우리 사회에 만연한 이 같은 인식을 우려한다. 지금은 개인적 경험이나 직관이 아니라 국제사회의 흐름에 맞추어 발전을 모색해야 할 뿐만 아니라, 70년간의 국제개발협력이 우리에게 시사하는 소중한 교훈과 압축성장의 명암에서 터득한 결론에 비추어 북한의 개발을 논의해야 할 때이기 때문이다.

이 책을 쓰게 된 직접적 계기가 있었다. 바로 지속가능발전해법네트워크(Sustainable Development Solutions Network, SDSN)가 매년 발표하는 〈글로벌 지속가능발전목표 인덱스와 대시보드 보고서(The SDG Index and Dashboards Report)〉에 2018년 처음으로 북한이 등장한 것이다. 여기에는 아주대 아주통일연구소와 고려대 강성진 교수팀이 큰 역할을 담당했다. 북한의 현황에 대한 객관적이고 구체적인 데이터의 부족으로 연구환경이 열악했음에도 불구하고 그들의 노력 덕분에 2018년 SDSN의 보고서에 북한이 포함될 수 있었고, 그 결과물을 바탕으로 삼정KPMG 대북비즈니스지원센터와의 협업을 통해 이 책이 나오게 되었다.

우리 필자들은 192개 국가를 비교, 평가하는 기준과 항목을 적용하여 북한의 현황을 분석하고 진단했다. 총괄적 평가를 위한 공신력 있는 데이터가 부족하여 17개 지속가능발전목표(SDGs) 중 13개 목표에 대한 평가만 수행했지만, 향후 북한이 지속가능한 사회로 발전하려면 어떤 부분을 우선적으로 개선해야 하는지에 대한 구체적 시사점을 도출할 수 있었다. 이는 국제사회와 대한민국의 대북개발협력이 어디에 집중되어야 하는지, 북한 당국의 정책적 노력이 어느 분야에 초점을 맞추어야 하는지를 알려준다.

이 책의 또 다른 의미는 지난 20여 년간 국제사회와 대한민국이 북한에 제공한 각종 원조와 지원을 17개 지속가능발전목표별로 분석한 결과다. 대북지원이 지속가능발전에 미치는 영향을 평가하는 것이 장기적 목표인데, 이 결과는 그 목표를 달성하는 출발점이 되어줄 것이다. 북한에 대한 개발협력이 어느 부분에서 효율적이며 어느 정도의 성과를 냈는지에 대한 인과관계 분석도 가능해질 것이다.

북한이 지속가능한 발전의 길로 나아가느냐, 마느냐는 당연히 북한 당국과 주민들의 의지와 노력에 달려 있다. 하지만 그 과정에서 대한민국과 국제사회가 의미 있는 기여를 할 수 있는 방법들 또한 분명 존재한다. 그에 관한 정책적 대안을 제시한 이 책이 북한을 지속가능한 발전의 길로 안내하고, 대한민국이 국제사회와 더불어 실질적이고 효과적인 지원을 할 수 있는 유용한 실마리로 작용하기를 바란다. 또한 이 책을 통해 북한의 개방과 발전을 바라보는 사람들의 관점이 보다 넓어지고 깊어지기를 바란다. 단지 우리의 경제위기를 넘기기 위한 일시적 기회가 아니라 북한 주민들의 관점에서 지속가능한 방향으로 발전해갈 수 있는 길을 찾고 그 과정에서 우리도 함께 지속가능발전의 모멘텀을 더 강화할 수 있게 되기를 희망한다.

이 책을 쓰는 데 귀한 조언과 도움을 아끼지 않으신 분들께 감사를 표하고 싶다. 지속가능발전의 담론 확산과 실천을 위해 열정적으로 노력하시는 양수길 회장님과 이우균 대표님을 비롯한 SDSN코리아 관계자분들에게 깊이 감사드린다. 어려운 상황에서도 북한 현황 관련 자료를 수집하고 정리하기 위해 노고를 아끼지 않으신 강성진 교수님과 연구원들, 바쁜 시간을 쪼개어 집중 인터뷰에 응해주신 전문가들, 방대한 자료들을 체계적으로 정리해준 아주대 이목원 군에게 감사의 마음을 전한다.

구애림, 조정훈, 조진희

CONTENTS

PART 2 북한은 지금 어디인가

PART 3 한반도의 미래를 여는 마스터플랜을 준비하라!

표·그래프 찾아보기

PART 1

북한에 절실한 발전모델은 무엇인가

북한은 어떻게 발전할 수 있을까

분단된 한반도에 사는 우리에게 북한은 언제나 뜨거운 감자였다. 관심을 가지고 적극적으로 다가가기에는 너무 복잡하고 어려운 대상인 동시에 신경을 끄고 무시할 수도 없는 존재였다. 그래서일까. 북한 관련 이슈는 크든 작든 그때마다 뉴스의 1면을 장식해왔지만, 북한에 대한 관심도는 전반적으로 낮은 편이었다.

더불어 발전하는 방향과 방법

2018년 평창동계올림픽 이후 많은 것이 달라졌다. 경색 국면이던 남북한의 관계에 봄바람이 불기 시작했고, 잠잠했던 그간의 관심이 속속 고개를 들었다. 남북경제협력을 주제로 한 행사장이 문전성시를 이루고, 기업들은 대북

특별팀을 만들어 북한 전문가들을 영입하기에 열을 올렸다. 모두가 북한 개방을 앞두고 더 큰 결실을 보기 위한 사전준비에 한창이었다. 매우 반가운 변화라고 하지 않을 수 없다. 하지만 염려스러운 측면도 없지 않다. '더불어 발전'이 아닌 '일방적 이익 창출'을 위한 의도도 엿보이기 때문이다.

지금 단계에서 가장 중요한 것은 발전의 방향과 방법이다. 우리 대한민국이 걸어온 과정을 돌아볼 때 더욱 그렇다. 우리는 단기간에 엄청난 속도의 놀라운 발전을 이룩했지만, 생각지 못한 많은 문제들을 야기했다. 그 때문에 아직도 홍역을 치르고 있다. 과거의 발전 프레임으로 북한에 접근해서는 안 된다. 눈앞의 이익과 성장 일변도로 치닫다가 심각한 후유증을 앓게 된 대한민국의 모습을 답습하게 할 필요가 없다. 특히 통일이라는 민족적 과제를 생각한다면 개발 단계부터 미래의 지속가능성을 염두에 둔 계획이 필요하다. 그런 의미에서 전 세계 국가들의 개발 경험을 종합하여 만든 유엔의 지속가능발전목표(UN Sustainable Development Goals, UN SDGs)를 기준으로 미래 북한의 개발을 진단하고, 방향을 논의하고, 경제협력을 계획하는 것은 매우 중요하다.

북한에 절실한 발전모델

현재 북한이 겪고 있는 식량안보와 보건 및 환경 문제의 심각성은 지속가능발전 차원의 개발협력이 얼마나 긴요한지를 반증한다. 2017년 북한의 세계기아지수는 28.2점으로 조사 대상 119개국 중 27번째로 높았으며, 전체 인구의 41%인 약 1,000만 명이 영양부족을 겪고 있다.

국토의 대부분이 산악지대인 북한은 17%의 국토만 경작이 가능하다. 그마저도 가뭄이나 홍수 등의 자연재해로 곤란을 겪는다. 매해 평양시 면적의 산림이 사라지고 있고, 농업 생산성 제고는 고사하고 토양 유실을 막기도 어려운 실정이다.

북한의 보건, 환경의 심각성

"북한, 환경오염 사망자 가장 많은 국가"

WHO(세계보건기구)가 발표한 〈2017년 세계보건통계〉에 따르면, 2012년 북한의 대기오염 사망률은 인구 10만 명당 238.4명으로, 전 세계 172개국 가운데 가장 높은데, 이는 전 세계 평균의 3.7배, 한국보다 10배가량 높은 수치다.

출처: WHO, 2017 세계보건통계

WHO는 이들 나라 가운데 중국, 인도 등은 대기오염이 가장 큰 문제였고, 라오스, 북한, 니제르 등 다른 국가들은 더러운 식수, 상하수도 미비 등 비위생적인 일상 생활환경이 문제였다고 발표했다. 그 때문인지 동남아지역이 환경오염 사망지가 상대적으로 많았고, 이어 서태평양, 아프리카 지역 순으로 문제가 심각했다고 밝혔다.

출처: 뉴데일리, 2016. 3. 17.

"매년 평양 면적의 산림이 사라지고 있다.
1990~2010년 북한 산림 면적 31% 감소
(남한의 13배)"

"대동강, 두만강, 압록강 중하류 오염 상태 심각,
북한의 하수처리율 19.5% 수준"

구분		비율
하수 형태 배출	하수관거 배출	13.6%
	정화조	2.6%
	수세식변소	3.3%
	하수처리율	19.5%
생분뇨 형태 배출	재래식 화장실	79.7%
	화장실 없음	0.8%
	무처리율	80.5%

출처: 삼정KPMG 대북비즈니스지원센터, 북한 비즈니스 진출 전략(375쪽), 2018

그뿐만이 아니다. 기후변화에도 취약하다. 북한은 1918년부터 2000년 사이에 평균온도가 1.9도 상승하여 상승폭이 가장 큰 국가 중 하나가 되었다. 인도주의단체들이 이 문제를 해결하기 위해 식량안보와 함께 재해경감(risk reduction)활동을 벌이고 있는데, 지역사회 복원력 증진프로그램을 활용한다.*

북한은 수질오염과 대기오염 문제도 심각하다. 5세 미만 영아 사망의 주요 원인으로 설사와 폐렴이 꼽힐 정도다. 극히 부실한 하수처리율과 오염 때문에 인구의 20%가 제대로 된 위생시설을 사용하지 못하고 있다. WHO가 발표한 〈2017 세계보건통계〉에 따르면 2012년 북한의 대기오염 사망률은 인구 10만 명당 238.4명으로, 전 세계 172개국 가운데 가장 높았으며, 세계 평균의 3.7배, 한국의 10배나 된다.**

지속가능한 미래를 위한 약속

2018년 10월 20일, 기후변화 대응 및 지속가능한 성장을 위해 덴마크 코펜하겐에서 P4G(Partnering for Green Growth and Global Goals 2030, 녹색성장 및 글로벌 목표 2030을 위한 연대) 정상회의가 개최되었다. 당시 문재인 대통령은 3가지 포용정신(국경과 분야를 넘는 포용, 아시아의 포용, 성공 사례의 공유와 포용) 중에서 아시아의 포용을 언급하며 지속가능한 발전과 기후환경 변화 대응을 위한 아시아의 역할을 강조하고, 북한을 향한 국제사회의 도움을 요청했다.

* 컨선월드와이드, '잊혀진 위기 국가' 북한에서 활동 중인 6개 NGO, 2017. 6. 28.

** WHO, 2017 세계보건통계(66쪽)

문재인 대통령 P4G 정상회의 기조연설

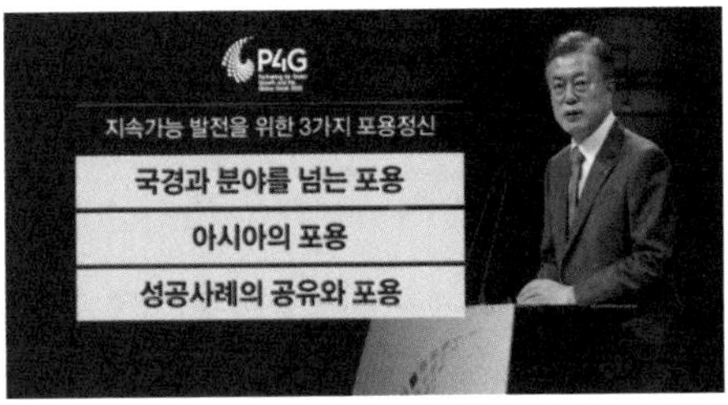

"아시아의 적극적 참여와 국제 협력이 이루어져야만 기후변화 대응과 지속가능발전의 꿈이 현실이 될 수 있을 것이라고 생각합니다. 선진국이나 국제기구들의 포용적인 도움이 절실합니다. 특히 북한과 같이 제조업 중심의 성장을 거치지 않은 나라들은 처음부터 경제성장과 지속가능한 발전을 동시에 도모하는 성장모델을 적용할 수 있도록 도울 수 있을 것입니다."

출처: MBN, '문 대통령, P4G 연설: 북한의 경제성장과 지속가능발전 도와야', 2018. 10. 20.

P4G 정상회의에 참석한 각국의 정상과 대표들은 유엔의 지속가능발전목표(SDGs)와 파리기후변화협정이 공동의 비전과 포용적 성장을 위해 지속가능한 미래에 필요한 목표들을 정의한다는 데 뜻을 같이하고 정부, 민간, 시민사회의 리더십과 행동을 촉구했다. 또한 지속가능한 발전과 기후변화 대응을 촉진할 필요성을 인식하고, 이를 통해 식량·농업, 물, 에너지, 순환경제와 같은 분야에서 시장에 기반을 둔 해결책들을 모색해나가기로 했다.

P4G는 코펜하겐 행동선언(Copenhagen Commitment to Action)을 채택하며, 기업과 투자자들을 향해 사회적 책임과 지속가능성을 전략에 반영하여 지속가능발전목표를 투자 방향에 둠으로써 글로벌 위기에 대처하고 새로운 시

장의 기회를 열어가는 데 필요한 혁신과 기술, 전문지식을 제공하기 위한 노력을 강화할 것을 주문했다. 시민사회에는 지역사회의 개발 효과를 보장하고 기후변화와 빈곤에 대처하며 지속가능발전목표를 달성하는 과정에서 전반적 과제에 필요한 지식, 네트워크 및 분야별 전문성 제고에 기여할 것을 당부했다.*

문재인 대통령이 국제협력과 북한의 경제성장에 대해 지속가능발전을 언급한 것은 의미심장하다. 이는 북한과의 개발협력이 지속가능발전의 토대 위에서 계획되고 추진되어야 한다는 점을 분명히 한 것으로, 앞으로 지속가능발전 모델은 정부를 비롯한 기업과 투자자가 사업을 추진할 때 가장 중요한 검토 기준이 될 것이다.

* 연합뉴스, 'P4G, 코펜하겐 행동선언 채택… 지속가능개발 가속 환경 조성', 2018. 10. 20.

성장의 한계를 넘어 지속가능한 발전으로

지속가능에너지, 지속가능발전, 지속가능한 디자인, 지속가능한 패션, 지속가능한 건축, 지속가능한 도시, 지속가능경영, 지속가능한 여행, 지속가능한 삶, 지속가능한 미래….

우리는 지금 '지속가능'이라는 단어를 앞세운 표현들을 도처에서 볼 수 있다. 성장의 한계에 직면한 현실을 대변하는 동시에 미래의 대안을 찾고자 하는 고민과 노력의 표현으로 읽을 수 있다.

경제-사회-환경의 조화는 어떻게 가능한가

'지속가능발전(Sustainable Development)'은 환경문제의 고전으로 평가

되는 〈성장의 한계(The Limits to Growth)〉라는 보고서*에서 처음으로 사용되었고, 이후 환경·기후, 경제·경영, 개발·발전, 각종 정책과 여타 분야에서 널리 쓰이게 되었다. 1987년 세계환경개발위원회(World Commission on Environment and Development, WCED)가 발간한 보고서 〈우리들 공동의 미래(Our Common Future)〉에서는 지속가능발전을 '미래 세대의 욕구를 충족시킬 수 있는 능력을 저해하지 않으면서 현재 세대의 욕구를 충족시키는 발전'이라고 정의했다.**

여기서 지속가능발전의 의미를 곱씹어보면 미래지향적이고 공동체적인 가치를 발견할 수 있다. 지금 당장의 만족을 위한 생산과 소비가 아니라 다음 세대를 위한 배려를 내포하기에 미래지향적이며, 나만을 위한 편리가 아니라 타인, 인류, 더 나아가 생태계 전반의 유익을 궁리하기에 공동체적이다.

지속가능발전을 조금 더 풀어서 설명하면, 경제적 성장을 추구하는 과정에서 사회의 안정과 통합을 도모하고 환경이 보존될 수 있도록 경제, 사회, 환경의 요소가 조화를 이루는 발전이라고 말할 수 있다.

변화의 바람이 불어오는 곳

우리 사회에서 지속가능성에 대한 관심과 고민이 커진 배경에는 한계에 직

* 1972년 로마클럽에서 발간한 보고서. 경제성장 위주의 발전상을 비판적으로 분석했으며, 특히 인구 증가에 따른 식량부족, 공업화, 식량 수요를 따르지 못하는 땅의 한계, 자원 고갈, 환경오염 가속화 등의 문제로 성장이 한계에 이를 것이라는 내용을 담고 있다.

** development that meets the needs of the present without compromising the ability of generations to meet their own needs(원문)

지속가능발전 관련 주요 발자취

1713	독일의 산림학자 폰 카를로비츠(Hans Carl von Carlowitz)가 '지속가능한(nachhaltig)' 이라는 단어 처음으로 사용
1962	환경학의 고전으로 알려진 ≪침묵의 봄(Silent Spring)≫(레이첼 카슨 Rachel Carson) 발간
1970	'지구의 날' 선언, 행사 개최
1972	로마클럽의 〈성장의 한계(The Limits to Growth)〉 발간 유엔인간환경회의에서 113개국이 지구 보전을 위해 '인간환경선언(스톡홀름선언)' 채택
1979	UNEP와 WMO 후원으로 첫 '세계기후콘퍼런스' 개최
1987	〈우리들 공동의 미래〉 보고서에서 '지속가능발전'에 대한 정의 설명
1992	172개국이 리우유엔환경회의에 참여하여 '유엔기후변화협약' 체결
1997	121개국이 기후변화협약에 대한 '교토의정서(Kyoto Protocol)' 채택
2000	'유엔새천년개발목표' 시작(2015년까지 이행)
2002	지속가능발전을 주제로 요하네스버그 정상회의 개최
2005	처음으로 세계탄소예산(Global Carbon Budget) 산정
2015	195개국이 '파리기후협정' 체결
2016	'유엔지속가능발전목표' 시작(2030년까지 이행)

출처: 저자 정리

면한 성장 외에도 여러 요인이 있다. 굶주린 배를 채우기에 급급했던 시대를 지나 사회적 가치를 추구할 만한 여유가 생겼기 때문이기도 하고, 무분별한 개발이 결과한 사회적, 환경적 문제가 더 이상 피할 수 없는 상태에 이르렀기 때문이기도 하다. 어쩌면 무한경쟁 속에서 팍팍한 삶을 견디며 불투명한 미래에 허덕이고 있는 요즘 세태에 대한 반작용일 수도 있다. 어쨌든 사람들은 지금보다 더 나은 미래를 마주하기 위해 지속가능성에 주목하게 되었고, 이 흐름은 필연적으로 우리 사회 전반에 더 크고 강한 변화를 불러올 것이 확실하다.

2030년까지 인류가 달성해야 할 목표들

개발협력 분야는 그간의 사업들을 통해 얻은 교훈을 거울삼아 지속가능발전의 필요성을 더욱 강조하게 되었다. 그렇게 해서 나온 결과물이 유엔의 지속가능발전목표(Sustainable Development Goals, SDGs)다. 지속가능발전목표는 유엔에서 2001년부터 2015년까지 시행한 새천년개발목표(Millennium Development Goals, MDGs)의 후속사업으로, 2016년부터 2030년까지 모든 나라가 공동으로 추진해나갈 목표를 의미한다.

빈곤 탈출을 위한 새천년개발목표

지속가능발전목표의 출발점이라고도 할 수 있는 새천년개발목표(MDGs)는 2000년 9월, 유엔의 새천년정상회의에서 189개 회원국의 만장일치로 새

새천년개발목표의 주요 목표 및 세부 목표

분야	주요 목표		세부 목표	
경제적 복지	1	절대빈곤 및 기아퇴치	1	2015년까지 하루에 1.25달러 이하의 돈으로 사는 사람들과 굶주림으로 고생하는 사람들의 비율을 절반으로 감소시킴
			2	여성, 남성과 젊은이들에게 양질의 일자리 제공
			3	2015년까지 기아에 허덕이는 인구를 반으로 줄임
사회개발	2	보편적 초등교육 달성	4	2015년까지 전 세계 모든 아동에게 초등교육 기회 제공
	3	양성평등 및 여성지위 향상	5	2005년까지 초등학교와 중학교의 성 불균형을 최대한 없애고, 2015년까지 완전히 제거
	4	아동사망률 감소	6	2015년까지 5세 이하 아동의 사망률을 현재의 2/3 수준으로 감소
	5	모성보건 증진	7	2015년까지 여성의 출산 도중 사망률을 현재의 3/4 수준으로 감소
			8	2015년까지 출산보건에 대한 보편적 접근 확대
	6	HIV/AIDS, 말라리아, 기타 각종 질병 퇴치	9	2015년까지 AIDS 확산 저지 및 감소
			10	2010년까지 필요한 사람들에게 HIV/AIDS 치료의 보편적 보급
			11	2015년까지 말라리아 및 기타 주요 질병 발생 저지 및 감소
환경 지속가능성과 재생	7	지속가능한 환경 확보	12	지속가능한 개발 원칙을 국가 정책으로 통합 및 환경자원 손실 복원
			13	2010년까지 생물다양성의 감소 억제 및 감소율의 현저한 저하
			14	2015년까지 안전한 식수 및 기초 위생환경에 대한 접근성이 부족한 인구 비율 반감
			15	2020년까지 최소 1억명 빈민가 거주자의 생활여건을 현저히 향상시킴
글로벌 파트너십	8	개발을 위한 글로벌 파트너십 구축	16	개방적이고 공정하며 예측 가능하고 차별 없는 무역 및 금융 체계 발전
			17	저개발국의 특수한 문제 해결
			18	내륙국 및 소규모 도서지역 개도국의 특수한 문제 해결
			19	장기적으로 지속가능한 외채 수준 유지를 위한 개도국 외채문제의 포괄적 해결
			20	민간 제약회사와 협력, 필수 의약품의 개도국 제공
			21	민간부문과 협력하여 정보통신 등의 신기술 혜택 확산

출처: 임소진, 국제사회의 Post-2015 개발 프레임워크 수립 동향 및 한국 ODA의 기여 방안. 저자 재구성

천년선언(Millenium Declaration)을 채택하며 시작되었다. 새천년개발목표는 총 8개 주요 목표와 21개의 세부 목표로 이루어져 있으며, 이를 측정하는 60개 지표가 있다.* 8개 목표는 크게 경제적 복지(목표 1), 사회개발(목표 2~6), 환경 지속가능성과 재생(목표 7), 글로벌 파트너십(목표 8)으로 나눌 수 있다.

새천년개발목표가 인류에게 남긴 것

새천년개발목표는 의미 있는 성과를 거두었다. 유엔 차원에서 시행된 최초의 범지구적 노력으로, 전 세계의 관심과 노력을 불러일으켰고, 특히 개발협력 분야에서 새로운 패러다임을 제시하며 국제적 기준을 수립했다. 원조의 규모도 증가되었고, 일반인들도 MDGs를 통해 개발 이슈를 보다 쉽게 이해할 수 있게 되었다.**

유엔은 새천년개발목표의 성과 모니터링을 위해 매년 보고서를 발간했는데, 사업이 종료된 2015년을 기준으로 대표적인 성과들을 정리하면 다음과 같다.

* OECD DAC가 1996년에 발간한 '21세기 개발협력전략(Shaping the 21st Century: the Contribution of Development Cooperation)'에서 제시한 7대 국제개발협력목표(International Development Goals, IDGs)에 글로벌 파트너십이 추가되어 MDGs의 8대 목표가 수립되었다.

** 임소진, 국제사회의 Post-2015 개발 프레임워크 수립 동향 및 한국 ODA의 기여 방안(10쪽), 2012

- 목표 1 1990년 대비 빈곤율 50% 이상 감소
- 목표 2 개도국 내 초등교육 취학률 91% 달성
- 목표 3 초등교육에서의 남녀비율 불균형 해소
- 목표 4 1990년 대비 아동사망률 50% 이상 감소
- 목표 5 1990년 대비 모성사망률 45% 감소
- 목표 6 2000~2013년 HIV 신규 감염자 40% 감소와 3,700만명 결핵환자의 생명 유지
- 목표 7 1990년 이후 26억명이 개선된 식수자원 확보
- 목표 8 2014년 기준, 원조기금 1,352억달러 달성

출처: un.org/millenniumgoals

한계의 MDGs에서 희망의 SDGs로

의미 있는 성과들에도 불구하고 새천년개발목표는 여러 아쉬움을 남겼다. 여전히 전 세계에서 8억 3,600만 명이 하루 1.25달러 이하로 생활하는 상태에서 벗어나지 못했고, 유일하게 MDG1(빈곤기아 퇴치)을 달성하지 못한 사하라사막 이남의 아프리카는 인구의 41%가 빈곤선 아래에 놓여 있었다. 1990년에 비해 28% 정도 개선되었다고 하지만 만족하기에 어려운 수준이었다.

목표 달성의 결과만이 아니라 내용과 과정에서의 한계점도 드러났다. 범지구적으로 시행한다는 MDGs의 본래 취지와 달리 목표 자체가 개도국에서 주로 발생하는 기초적인 문제들을 해결하는 쪽으로 설정되었을 뿐만 아니라 개도국에만 모니터링 보고의 의무가 부여되었다. 이 때문에 공여국은 스스로를 새천년개발목표의 제외 대상으로 여기게 되었고, 결국 범지구적이라는 표현을 무색하게 만들며 공여국의 적극적 참여 욕구를 감소시켰다. 더불어 공여국-수혜국의 프레임이 덧씌워지며 동등한 파트너십에 기반한 협력이 어려워졌다.

또한 MDGs는 국가별 편차를 고려하지 않은 채 동일한 기준으로 동일한 목

하루 1.25달러 미만으로 사는 사람들의 비율: 1990, 2011, 2015년 비교(%)

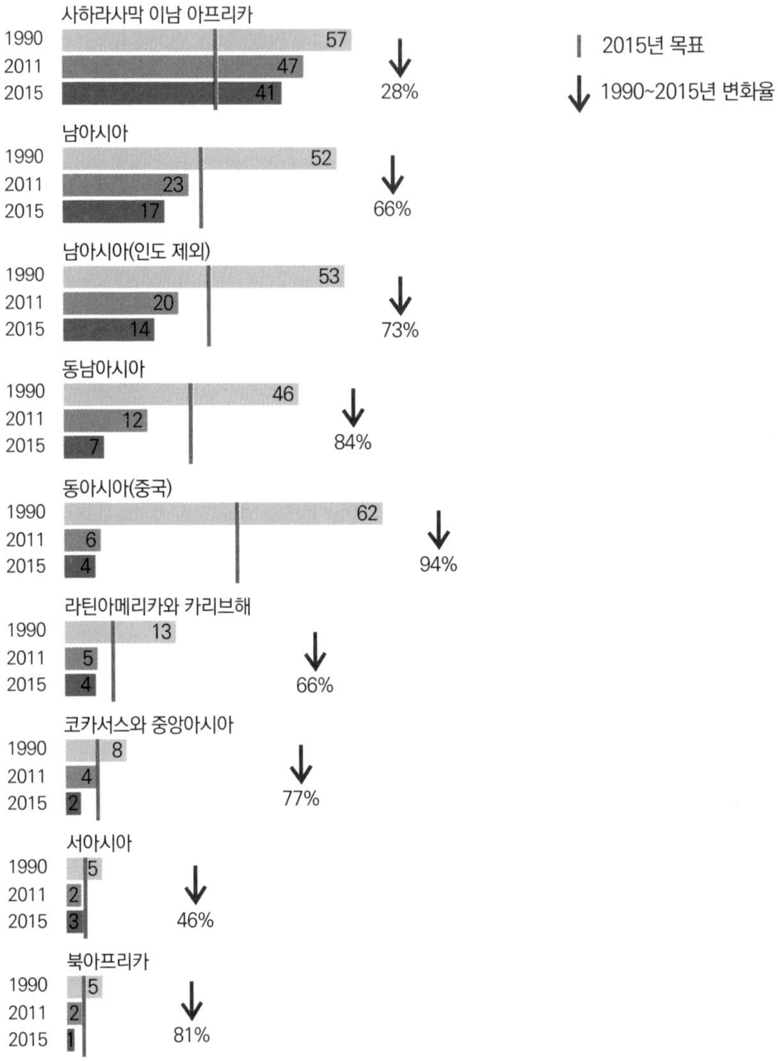

출처: MDG 2015 Report

표를 제시함으로써 각국의 환경이나 역량에 따라 목표 달성이 크게 차이나는 결과를 가져왔다. 단적인 예가 동아시아에서 1.25달러 이하로 생활하는 인구가 1990년 대비 96% 감소한 반면에 사하라사막 이남의 지역에서는 28% 감소하는 데 그친 것이다.

정량평가 방법에 기인한 질적 향상의 미흡 역시 아쉬움으로 남았다. 일례로 단순 취학률이 높아진 결과만 보고 교육의 질에 대한 부분은 평가하지 않았다.* 이처럼 개발의 단편적인 면만 다루는 MDGs로는 온전하고 미래지향적 발전을 이루기에 역부족이라는 사실이 드러났다.

지속가능발전목표(SDGs)는 이러한 MDGs의 한계와 국제사회에 남긴 교훈을 바탕으로 새롭게 수립된 목표다. MDGs의 8개 목표를 확장하고 보완하여 총 17개의 주요 목표와 169개의 세부 목표로 이루어진 SDGs는 이름 그대로 '지속가능성'에 중심을 두고 있다. 또한 평등과 인권의 가치를 강조하여 '아무도 뒤에 남겨두지 않고 함께 앞으로 나아간다'는 'Leave No One Behind'의 정신을 내세운다.

지속가능발전의 원칙, 5P

SDGs의 특징은 크게 보편성(universality), 다면성(multidimensional), 다층성(multi-stakeholderism)**으로 요약할 수 있다.

보편성은 개도국만 개발의 주체로 인식한 MDGs와 달리 공여국을 포함

* 임소진, 국제사회의 Post-2015 개발 프레임워크 수립 동향 및 한국 ODA의 기여 방안(11쪽), 2012

** '다층이해관계자주의'로도 불리며, 여러 이해관계자가 함께 참여하는 거버넌스 형태를 뜻한다.

한 전 세계가 함께 지속가능발전을 이행하는 주체임을 강조한다.

다면성은 SDGs의 범위가 확대되었음을 의미한다. MDGs의 주요 목표 외에 불평등, 경제발전, 양질의 일자리, 도시와 주거 문제, 산업화, 해양, 생태계, 에너지, 기후변화, 지속가능한 소비 및 생산, 평화와 정의 등이 새로 추가되었는데, 여기에는 빈곤 해결이나 사회개발 같은 직접적 문제만이 아니라 경제, 사회, 환경 문제를 복합적으로 다루어야 한다는 문제의식이 내포되어 있다. 이를테면 빈곤문제 해결과 지속가능한 발전을 위해서는 기후변화문제를 해결하는 것이 중요하다는 인식이 반영되어 있다. 이 같은 다면성은 MDGs와의 큰 차이점이자 변화라고 할 수 있다.

다층성은 SDGs를 이행하는 과정에서 시민사회, 기업, 학계, 자선단체 등 사회를 구성하는 이해관계자들의 파트너십을 강조한다. 그간의 개발이나 발전이 대부분 정부 주도로 이루어진 경우가 많았다면, SDGs에서는 다양한 주체들의 참여를 적극 독려한다. 범세계적 목표인 만큼 국가들 간의 글로벌 파트너십도 강조한다.

SDGs가 지향하는 원칙은 5P로 정리할 수 있다. 즉, People(사람), Prosperity(번영), Planet(환경), Peace(평화), Partnership(파트너십)이다. 이 5P에는 SDGs의 기반이 되는 사회발전, 경제성장, 환경보존의 3가지 방향과 제도 구축, 이행 협력의 2가지 실행 방법이 내재되어 있으며, SDGs의 17개 주요 목표와 169개 세부 목표 역시 5P를 바탕으로 하고 있다.

SDGs의 주제와 내용을 살펴보면 지속가능발전 단계에서 사람, 경제, 환경이 밀접하게 연결되어 있는 것을 확인할 수 있다. 여기에서는 편의상 목표 1~6을 사람(People), 목표 7~11을 번영(Prosperity), 12~15를 환경(Planet), 16을 평화(Peace), 17을 파트너십(Partnership)으로 분류했다.

SDGs의 5P

5P	SDG 주요 목표		내용
사람 (People)	1	빈곤의 종식	모든 곳에서 모든 형태의 빈곤 종식
	2	기아의 종식	기아 종식, 식량안보와 영양개선 달성 및 지속가능한 농업 진흥
	3	건강과 복지	모든 연령층의 모든 사람을 위한 건강한 삶 보장 및 복리 증진
	4	양질의 교육	포용적이고 공평한 양질의 교육 보장 및 모두를 위한 평생학습 기회 증진
	5	성평등	양성평등 달성 및 모든 여성과 소녀의 권익 신장
	6	깨끗한 물과 위생	모두를 위한 물과 위생의 이용 가능성 및 지속가능한 관리 보장
번영 (Prosperity)	7	지속가능한 에너지	모두를 위한 저렴하고 신뢰성 있으며 지속가능하고 현대적인 에너지에 대한 접근 보장
	8	일자리와 경제성장	모두를 위한 지속적으로 포용적이며 지속가능한 경제성장 및 완전하고 생산적인 고용과 양질의 일자리 증진
	9	혁신과 인프라 구축	회복력 있는 사회기반시설 구축과 포용적이고 지속가능한 산업화 증진 및 혁신 추진
	10	불평등 완화	국가 내 및 국가 간 불평등 완화
	11	지속가능한 도시/거주지	포용적이고 안전하며 회복력 있고 지속가능한 도시와 거주지 조성
환경 (Planet)	12	책임 있는 소비/생산	지속가능한 소비 및 생산 양식 보장
	13	기후행동	기후변화와 그 영향을 방지하기 위한 긴급한 행동의 실시
	14	해양생태계 보호	지속가능개발을 위한 대양, 바다 및 해양자원 보존 및 지속가능한 사용
	15	육상생태계 보호	육상생태계의 보호와 복원 및 지속가능한 이용 증진, 산림의 지속가능한 관리, 사막화 방지, 토지 황폐화 중지·역전 및 생물다양성 손실 중지
평화 (Peace)	16	평화, 정의, 제도, 구축	모든 수준에서 지속가능개발을 위한 평화롭고 포용적인 사회 증진, 모두에게 정의에 대한 접근 허용 및 효과적이고 책임 있으며 포용적인 제도 구축
파트너십 (Partnership)	17	파트너십	이행수단 강화 및 지속가능개발을 위한 글로벌 파트너십 활성화

출처: 저자 재구성

그러나 이 같은 분류가 절대적인 것은 아니다. SDG6(물·위생)의 경우만 봐도 보건 증진을 강조하면 사람(People)에, 환경과 생태계에 미치는 영향을 강조하면 환경(Planet)에 포함될 수 있다. SDG7(에너지) 역시 경제적 관점인지, 환경적 관점인지에 따라 분류가 달라질 수 있다. SDG10(불평등 완화), SDG11(지속가능한 도시), SDG12(지속가능 소비·생산)의 경우에도 경제적 관점으로 보면 번영(Prosperity)에, 환경 변화의 관점으로 보면 환경으로 분류할 수 있다.

이처럼 5P는 17개의 목표를 관통하고 있으므로, 주요 목표나 세부 목표를 특정한 주제로 한정지을 필요가 없다.

지속가능발전을 위한 기업들의 움직임

SDGs의 다층성에서 언급한 것처럼 지속가능발전이 공공영역에서만 논의되는 것은 아니다. 지속가능발전을 실행하려면 그 과정에서 기업의 역할이 무엇보다 중요하기 때문이다. 기업들 역시 복합적이고 불확실한 경영환경하에서 지속가능한 기업으로 거듭나기 위해 기업의 사회적 책임(Corporate Social Responsibility, CSR)을 수행하는 다양한 활동을 전개하고 있다.

기업의 사회적 책임은 '기업이 윤리적으로 활동하고 경제개발에 기여하는 한편, 근로자와 그 가족들은 물론 지역사회와 사회 전반에 걸쳐 삶의 질을 개선하기 위해 지속적으로 노력하는 것'이다. 이는 기업의 가치는 국가와 사회로부터 창출되기 때문에 사회의 발전 없이는 기업의 존속과 성장도 없다는 인식이 변화된 데 따른 것이다. 이와 함께 기업의 목표와 평가가 실적 좋은 기업을 넘어 존경받는 기업, 위대한 기업으로 그 기준이 달라지면서 기업들이 미래 세대에게 물려줄 지구환경을 위한 가치 실현에 힘쓰게 되었다. 이윤 창출과 주주가치의 극대화를 뛰어넘어 사회의 경제, 환경, 문화를 종합적으로 고려하고 이해관계자들과의 소통과 상생을 적극적으로 추구하기에 이르렀다.

이와 같은 기업들의 지속가능경영은 인권, 노동, 환경, 반부패와 같은 문제들을 해소하고 예방하는 과정에서 보다 구체화되고 가시화되었으며, 그에 발맞추어 유엔환경계획(UNEP)은 1997년 GRI(Global Reporting Initiative)를 설립하여 지속가능성 보고서의 가이드라인을 제정하고 기업의 지속가능성 논의에 힘을 불어넣고 있다.

SDGs의 미래 가치를 선점하라

기업들의 지속가능경영 논의는 1995년 세계지속가능발전기업협의회(World Business Council for Sustainable Development, WBCSD)가 탄생하면서 본격화되었고, 현재 전 세계에서 화학, 자동차, 식품, 건설을 비롯한 다양한 업종의 170여 개 기업들이 참여하여 활동하고 있다. 우리나라 기업들도 2002년 지속가능발전기업협의회(KBCSD)가 결성된 이후 지속가능경영을 적극 도입하여 실천하기 시작했다.

또한 유엔글로벌콤팩트(UN Global Compact)에서도 인권, 노동, 환경, 반부패 등에 관한 10대 원칙을 기업 경영과 전략에 포함시키도록 하여 기업들이 지속가능성과 시민의식 향상에 동참할 수 있도록 권장하고 있다. 2000년 7월 설립 이후 전 세계 162개국 9,997개 기업이 참여하고 있으며, 한국협회에는 260여 개 기업이 가입해 있다.

글로벌 생활용품회사인 유니레버의 CEO를 역임한 폴 폴먼은 전 세계 GDP

의 60%, 자산 흐름의 80%를 차지하는 기업들이 행동에 나서야 인류가 삶의 질을 향상시킬 수 있다고 역설하며, 행동에 나서는 기업들은 유엔의 SDGs 이행 과정에서 창출될 연간 12억 달러 이상의 시장 가치를 선점할 수 있다고 말했다.*

삼성, SK, 포스코, KT, CJ, 아모레퍼시픽, 현대자동차, 신세계, 두산 등 우리 기업들도 SDGs의 공동 이행을 공개 표명하거나 친환경(Environment), 사회적 기여(Social), 투명한 지배구조(Governance)로 대표되는 'ESG 경영'을 실천하고 있다. 유엔의 SDGs와 기업의 사회적 가치 창출활동을 한 방향으로 실행하고, 목표 달성에 기여할 수 있는 비즈니스 기회를 발굴하여 적극 활용하고 있는 모습이다.

SDGs를 실행하는 기업들

아모레퍼시픽은 '2020 지속가능경영' 목표를 통해 다양한 이해관계자들이 일상생활에서 '지속가능한 라이프스타일'을 실현할 수 있도록 돕고, 경제적·사회적 공동체와 함께 '포용적으로 성장'하며, 미래 세대를 위한 '순환경제 달성'에 기여한다는 3대 지향점을 공표하여 SDGs를 실행하고 있다. 삼성전자도 사업과 연관성이 높은 SDGs를 중심으로 경영활동의 긍정적, 부정적 영향을 분석하고, 지속가능경영의 경제적 가치뿐만 아니라 사회적·환경적 가치 창출을 계량화할 수 있는 KPMG의 True Value 방법을 활용하여 성과를 가시화

* 지속가능발전기업협의회-유엔글로벌콤팩트 공동 주최, '폴 폴먼 유니레버 CEO 초청 조찬포럼' 강연 중에서, 2018. 9. 7.

아모레퍼시픽의 2017년 지속가능경영목표 및 이행 활동

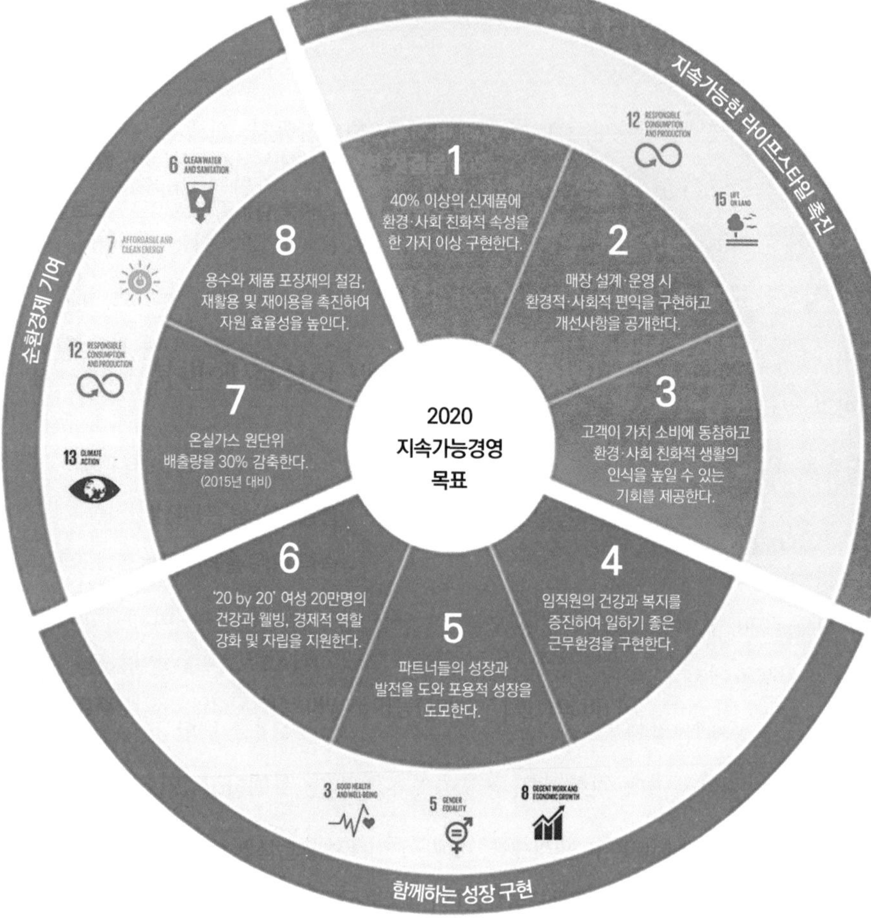

출처: 아모레퍼시픽 홈페이지, 2017년 아모레퍼시픽 지속가능성 보고서

삼성전자의 2017년 지속가능경영 가치

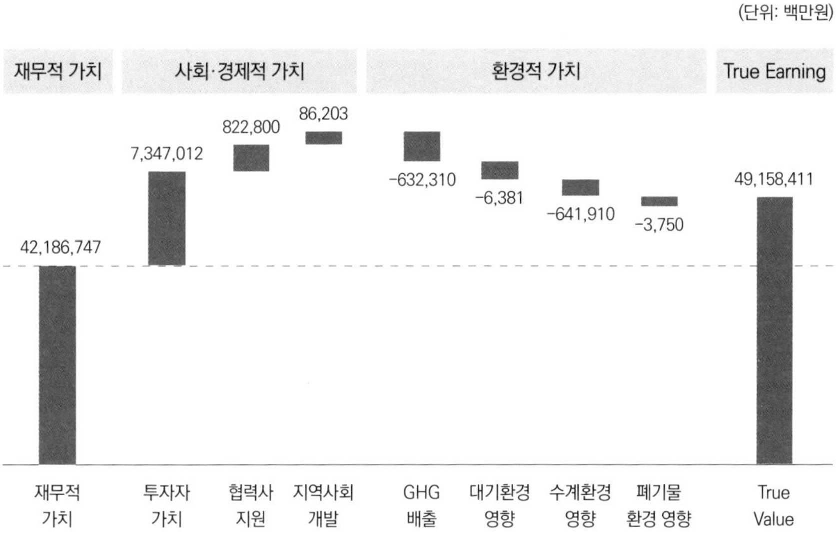

출처: 삼성전자 홈페이지

하고 있다. 'True Value'는 기업 경영활동의 외부 효과(경제적 가치, 사회적 가치, 환경적 가치)를 금전적 가치로 환산하여 사회적 가치의 창출 성과를 관리하는 방법으로, 사회적·경제적 가치는 투자자 가치, 협력사 지원, 지역사회 개발에 대한 편익을 평가하고, 환경적 가치는 사업장 온실가스 배출, 대기환경 영향, 수계환경 영향, 폐기물환경 영향에 대한 비용을 평가하여 반영한다.

이처럼 지속가능경영은 기업의 생존과 생존 기반 구축을 위한 전략적 관점으로 변화하면서 단순한 사회공헌활동을 넘어서 이윤 창출은 물론 사회적, 경제적 가치 실현을 통해 사회적 책임을 다하는 방향으로 진화하고 있다.

미래를 만드는 지속가능경영

성장과 공생을 추구하는 토요타의 환경경영

토요타는 환경을 가장 중요한 경영 과제의 하나로 설정하고, 환경문제에 대응하는 최신 기술로 순환형사회 구축을 선도하는 기업을 목표로 삼고 있다. 이 목표를 달성하기 위해 전 세계의 자회사와 부품업체 등 관련 회사들과 비전을 공유하고 각 지역과 분야의 환경관리체제를 정비하기 위해 노력하고 있다.

토요타는 2020~2030년을 준비하기 위해 기업에 요구되는 환경활동의 방향성을 '저탄소사회 구축', '순환형사회 구축', '환경보전과 자연공생사회 구축'의 3대 주제에 맞추어 '토요타 환경대처플랜'을 발표했으며, 기업의 성장과 함께 사회와의 공생, 지속가능한 사회 구축이라는 목표를 달성하겠다는 계획이다.

토요타는 사람과 지구가 공생할 수 있는 '지속가능한 모빌리티'를 구현하기 위해 에코카를 개발 중이다. 1997년 세계 최초의 하이브리드카 '프리우스'를 시판한 이래 하이브리드 테크놀로지를 핵심 기술로 플러그인 하이브리드카 및 전기자동차, 연료전지자동차 등 다양한 에코카의 개발에 박차를 가하고 있으며, 최적의 에코카를 제공하여 친환경경영을 실천하겠다는 구상이다(지속가능발전 포털 www.ncsd.go.kr 참조).

삶의 질을 높이는 SK이노베이션의 농촌개발사업

SK이노베이션은 SK그룹 최초로 사회적기업을 통한 글로벌의 사회문제 해결을 위해 석유개발사업(E&P)을 벌이고 있는 페루의 리마에 사회공헌 전담기관인 프로시너지(ProSynergy)를 설립했다. 현지의 열악한 농업기술을 진흥하고 수익모델을 실현할 목적으로 사회적기업인 야차이와시(Yachaiwasi) 1, 2호점을 열었으며, 빈곤층 농민들에게 기술과 정보, 컨설팅 등 영농축산교육을 지원하고 있다. 또한 농산물 협동판매를 통해 공동의 수익을 창출하고, 지역 미소금융인 핀카(Finca), 가톨릭대학 등과 협력하여 농민들의 삶의 질 개선에 기여하고 있다.

이러한 노력의 결과로 2015년 핀란드 외무부로부터 IICA(International Institute for Cooperation in Agriculture)펀드* 239,302달러를 지원받았으며, 농촌지역의 신재생에너지 보급 및 농가의 에너지 자급을 위한 사업을 꾸준히 전개하고 있다.

2017년에도 520여 명의 지역 주민과 학생을 대상으로 야차이와시에서 기술

* 세계 저소득 농촌지역을 대상으로 신재생에너지 보급 지원을 위해 설립한 사회공헌펀드

교육을 실시했으며, SK이노베이션이 제공하는 서비스 및 제품에 농가 4,000여 곳이 만족을 표하기도 했다.

또한 페루의 아푸리막 지방정부가 2018년 3월 세계은행에서 투자를 받아 코타밤바스에 야차이와시 3호점을 열었는데, 프로시너지에서 설립 준비 및 초기 운영을 지원했다.

SK이노베이션은 향후 야차이와시 사업모델을 확대하여 페루의 농촌지역 발전에 실질적으로 기여할 수 있는 노력을 한층 강화할 계획이다.

야차이와시 사업모델

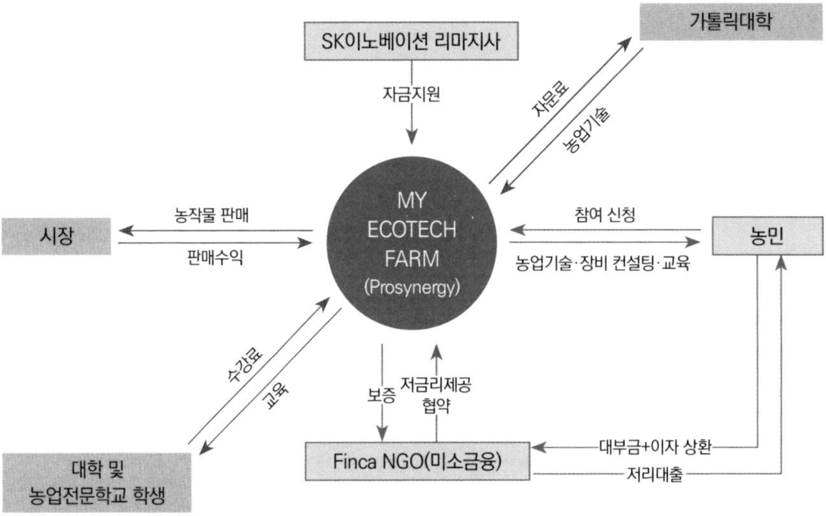

출처: SK이노베이션 홈페이지, 2017 지속가능성 보고서

PART 2

북한은 지금 어디인가

유엔은 알고 있다!

유엔자문기구인 지속가능발전해법네트워크(Sustainable Development Solutions Network, SDSN)는 전 세계의 SDGs 이행 현황을 점검하고 모니터링하기 위해 매년 〈SDG 인덱스와 대시보드 보고서(SDG Index and Dashboards Report)〉를 발간하고 있다. 유엔 사무총장의 관리하에 2012년 설립된 SDSN은 지속가능발전목표(SDGs)와 파리협정(Paris Climate Agreement)의 이행을 포함한 지속가능발전의 실질적 해법을 마련하고 추진을 독려하기 위해 과학적이고 기술적인 전문성을 확보하고 연결하는 역할을 한다.

주요 사업은 SDGs 이행 모니터링, 기후변화 관련 사업, 지속가능발전을 위한 재정 관리, SDGs 달성을 위한 국제적·지역적 네트워크 연결 및 활성화, SDGs 아카데미 운영, 솔루션 이니셔티브 운영 등이다. SDSN의 사업들은 대부분 SDGs 관련 기관들을 중심으로 구성된 국가와 지역의 사무소를 통해 이루어지며, 한국에서도 SDSN코리아가 활동하고 있다.

지속가능발전의 성적표 〈SDSN 글로벌 보고서〉

SDSN에서 발간하는 〈SDG 인덱스와 대시보드 보고서〉(이하 'SDSN 글로벌 보고서')는 국가의 SDGs 이행 전략과 정책 수립에 도움을 주기 위한 일종의 가이드북으로, 각 목표별 현황을 파악하기 위해 SDGs 이행지표(indicators)와 관련된 데이터를 수집하여 분석한 결과를 제공한다. 2015년 시범적 차원에서 OECD국가들을 대상으로 발간되었으며, 2016년에 첫 글로벌 보고서를 발간한 뒤 매년 보고서를 발표하고 있다. 발간의 의의가 작지 않지만, 각국이 진행하는 SDGs 이행 모니터링을 대신할 수 있는 공식 결과 보고서는 아니다. 공식적으로 인정하는 이행 점검 보고서는 각 국가가 제출하는 자발적 국가 보고서(Voluntary National Review)로, SDSN 글로벌 보고서가 이를 대신하지는 못한다.*

SDGs에는 17개 목표 아래 총 232개의 이행지표가 있는데**, SDSN의 글로벌 보고서는 전체 이행지표들 중에서 국제적 통계자료를 통해 수집이 가능

* MDG가 시행되던 2015년까지는 유엔 사무총장 주도로 보고서를 준비했으나, 현재는 각국이 현실을 반영하여 주도적으로 계획을 이행하고 보고할 수 있도록 '자발적 국가 보고서'를 제출하는 방식으로 바뀌었다.

** SDGs 이행지표를 나열하면 총 244개가 되는데, 이는 9개의 이행지표가 2~3개 목표에 포함되어 중복적으로 나열되었기 때문이다.

SDSN에서 발간한 글로벌 보고서

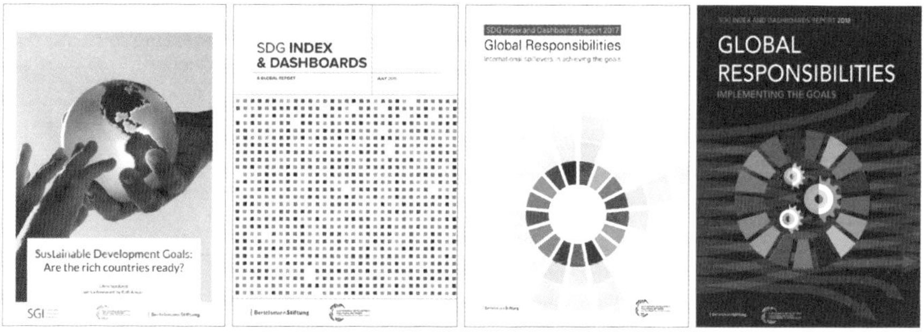

출처: UN SDSN 홈페이지

한 이행지표를 별도로 추출하여 사용한다.* 한 가지 특이사항은 OECD국가들에 대해서는 추가 지표들(augmented indicators)을 적용한다는 것이다. 2018년 발간된 보고서에서 대부분의 국가들은 88개의 이행지표를 사용했는데, OECD국가들에 대해서는 111개의 이행지표를 사용했다.

이 보고서는 그동안 시행착오를 거치며 조금씩 보완되어왔다. 사용하는 이행지표가 수정 또는 추가되기도 했고, 결과 분석의 주제와 방식이 변경되기도 했다. 모두가 보다 알차고 풍부한 보고서를 발간하기 위한 과정이었지만, 연차별 직접 비교가 어렵다는 점에서 아쉬운 측면이 있다.

보고서상의 대표적인 변화는 2017년 낙수효과지수(Spillover Indicator)

* 데이터는 주로 세계은행(WB), 경제협력개발기구(OECD), 세계보건기구(WHO), 세계식량기구(FAO), 국제노동기구(ILO), 유니세프(UNICEF)와 같은 국제기구의 통계를 기반으로 하는데, 여론조사기관인 갤럽(Gallup World Poll)이나 옥스팜(Oxfam), 조세정의네트워크(Tax Justice Network)와 같은 시민사회의 자료를 활용하기도 한다.

연간 보고서별 주요 변화 및 의미

연도	포함 국가 수	주요 내용·변화·의미
2015	34개국	OECD국가를 대상으로 첫 보고서 발간(SDG Index Report)
2016	149개국	개별 국가의 SDG 기초선(baseline) 확인(첫 글로벌 보고서)
2017	157개국	SDG 낙수효과지수(SDG Spillover Indicators) 적용
2018	156개국	SDG 트렌드 대시보드 표기, 낙수효과지수 랭킹 표기

출처: 2018 SDSN 글로벌 보고서. 저자 재구성

를 적용한 것과 2018년부터 트렌드(Trend)를 표기하기 시작한 것이다. 낙수효과지수는 글로벌 시대에 한 국가의 결정과 행위가 다른 국가나 전 세계에 영향을 미쳐 나비 효과를 일으키는 점을 반영하기 위해 적용되었다. 예를 들어 이산화탄소 배출과 같이 인근 지역이나 전 지구의 환경에 영향을 미치는 행위를 점수로 환산하는 것이다. 2018년부터는 낙수 효과와 관련된 순위도 보고서에 별도로 표기하기 시작했다.

2018년 보고서에서 국가별로 요약된 내용을 보면, SDGs의 이행 정도가 3가지 방식으로 정리되어 있다. 바로 인덱스(Index)와 대시보드(Dashboard), 그리고 트렌드(Trend)다.

인덱스: 잘하고 있는가

인덱스는 각 국가의 SDGs 이행 수준을 점수와 순위로 나타낸 것이다. 17개 목표 과목에 대한 모의 성적표인 셈이다. 과목별 점수를 합산하여 산출한 종합성적을 백분율(%)로 표기했다고 이해하면 된다. 성적이 높을수록 100에 가까

〈2018 SDSN 글로벌 보고서〉의 대한민국 현황표

KOREA, REPUBLIC OF

OECD contries

인덱스

▼ OVERALL PERFORMANCE

Index score

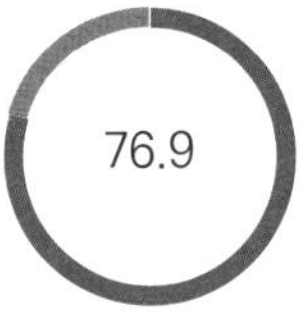

Regional average score

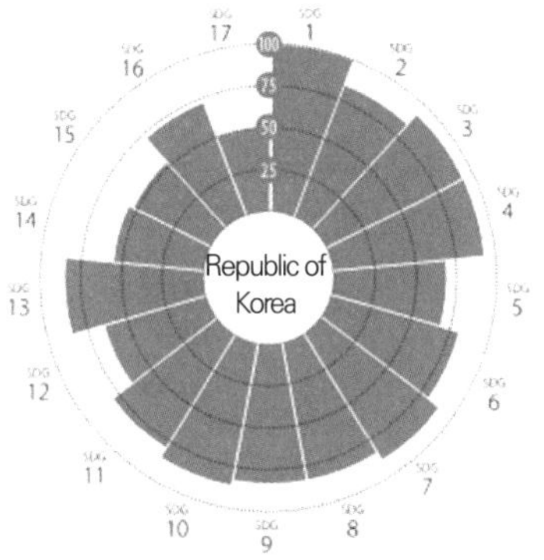

▲ AVERAGE PERFORMANCE BY SDG

SDG Global rank

19 (OF 156)

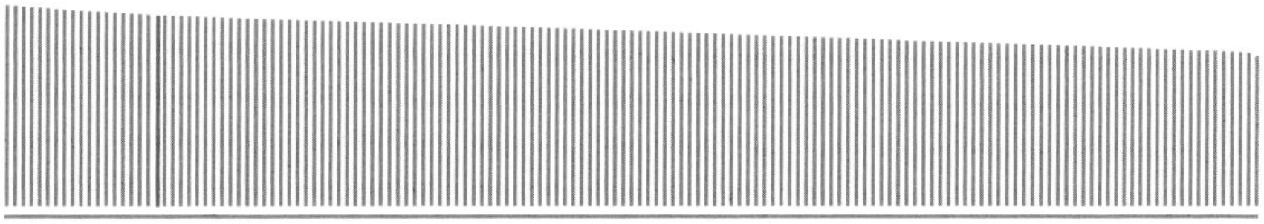

대시보드

▼ CURRENT ASSESMENT-SDG DASHBOARD

▼ SDG TRENDS

Goal	Trend
1 NO POVERTY	↗
2 ZERO HUNGER	→
3 GOOD HEALTH AND WELL-BEING	↗
4 QUALITY EDUCATION	→
5 GENDER EQUALITY	↗
6 CLEAN WATER AND SANITATION	→
7 AFFORDABLE AND CLEAN ENERGY	↗
8 DECENT WORK AND ECONOMIC GROWTH	••
9 INDUSTRY, INNOVATION AND INFRASTRUCTURE	→
10 REDUCED INEQUALITIES	••
11 SUSTAINABLE CITIES AND COMMUNITIES	••
12 RESPONSIBLE CONSUMPTION	••
13 CLIMATE ACTION	↓
14 LIFE BELOW WATER	→
15 LIFE ON LAND	↓
16 PEACE, JUSTICE AND STRONG	→
17 PARTNERSHIPS FOR THE GOALS	••

KOREA, REPUBLIC OF

Performance by Indicator

	Value	Rating	Trend
SDG1 – End Poverty			
Poverty headcount ratio at $1.90/day (% population)	0.5	●	→
Projected poverty headcount ratio at $1.90/day in 2030 (% population)	0.5	●	••
Poverty rate after taxes and transfers, poverty line 50% (% population)	13.8	●	↗
SDG2 – Zero Hunger			
Prevalence of undernourishment (% population)	2.5	●	••
Prevalence of stunting (low height-for-age) in children under 5 years of age (%)	2.5	●	→
Prevalence of wasting in children under 5 years of age (%)	0.9	●	→
Prevalence of obesity, BMI ≥ 30 (% adult population)	4.7	●	→
Cereal yield (t/ha)	6.8	●	→
Sustainable Nitrogen Management Index	0.6	●	••
SDG3 – Good Health and Well-Being			
Maternal mortality rate (per 100,000 live births)	11.0	●	→
Neonatal mortality rate (per 1,000 live births)	1.5	●	→
Mortality rate, under-5 (per 1,000 live births)	3.4	●	→
Incidence of tuberculosis (per 100,000 population)	77.0	●	↗
HIV prevalence (per 1,000)	0.0	●	→
Age-standardised death rate due to cardiovascular disease, cancer, diabetes, and chronic respiratory disease in populations age 30–70 years (per 100,000 population)	8.3	●	→
Age-standardised death rate attributable to household air pollution and ambient air pollution (per 100,000 population)	16.5	●	••
Traffic deaths rate (per 100,000 population)	12.0	●	↑
Healthy Life Expectancy at birth (years)	82.3	●	→
Adolescent fertility rate (births per 1,000 women ages 15-19)	1.7	●	→
Births attended by skilled health personnel (%)	100.0	●	••
Surviving infants who received 2 WHO-recommended vaccines (%)	98.0	●	→
Universal Health Coverage Tracer Index (0-100)	81.6	●	↑
Subjective Wellbeing (average ladder score, 0-10)	5.9	●	↓
Gap in life expectancy at birth among regions (years)	2.4	●	••
Gap in self-reported health by income (0-100)	11.9	●	••
Daily smokers (% population age 15+)	17.3	●	↑
SDG4 – Quality Education			
Net primary enrolment rate (%)	96.8	●	↓
Mean years of schooling	12.2	●	↑
Literacy rate of 15-24 year olds, both sexes (%)	NA	●	••
Population age 25-64 with tertiary education (%)	46.9	●	→
PISA score (0-600)	519.0	●	••
Variation in science performance explained by students' socio-economic status (%)	10.1	●	••
Students performing below level 2 in science (%)	14.4	●	↓
Resilient students (%)	40.4	●	••
SDG5 – Gender Equality			
Unmet demand for contraception, estimated (% women married or in union, ages 15-49)	6.7	●	→
Female to male mean years of schooling, population age 25 + (%)	89.1	●	••
Female to male labour force participation rate (%)	71.4	●	↑
Seats held by women in national parliaments (%)	17.0	●	→
Gender wage gap (total, % male median wage)	36.7	●	→
SDG6 – Clean Water and Sanitation			
High-income countries: population using safely managed water services (%)	98.0	●	→
Other countries: population using at least basic drinking water services (%)	NA	●	••
High-income countries: population using safely managed sanitation services (%)	98.5	●	→
Other countries: population using at least basic sanitation services (%)	NA	●	••
Freshwater withdrawal as % total renewable water resources	57.6	●	••
Imported groundwater depletion (m³/year/capita)	10.8	●	••
SDG7 – Affordable and Clean Energy			
Access to electricity (% population)	100.0	●	→
Access to clean fuels & technology for cooking (% population)	100.0	●	→
CO_2 emissions from fuel combustion / electricity output ($MtCO_2$/TWh)	1.1	●	↑
Share of renewable energy in total final energy consumption (%)	2.7	●	→
SDG8 – Decent Work and Economic Growth			
Adjusted Growth (%)	0.5	●	••
Slavery score (0-100)	80.0	●	••
Adults (15 years +) with an account at a bank or other financial institution or with a mobile-money-service provider (%)	94.9	●	→
Employment-to-Population ratio (%)	66.6	●	→
Youth not in employment, education or training (NEET) (%)	NA	●	••
SDG9 – Industry, Innovation and Infrastructure			
Proportion of the population using the internet (%)	92.8	●	→
Mobile broadband subscriptions (per 100 inhabitants)	109.7	●	→
Quality of overall infrastructure (1 = extremely underdeveloped, 7 = extensive and efficient by international standards)	5.7	●	→
Logistics performance index: Quality of trade and transport-related infrastructure (1=low to 5=high)	3.8	●	••
The Times Higher Education Universities Ranking, Average score of top 3 universities (0-100)	61.7	●	••
Number of scientific and technical journal articles (per 1,000 population)	1.2	●	••
Research and development expenditure (% GDP)	4.2	●	••
Research and development researchers (per 1,000 employed)	13.8	●	→
Triadic patent families filed (per million population)	53.0	●	→
Gap in internet access by income (%)	13.0	●	••
Women in science and engineering (%)	24.0	●	••
SDG10 – Reduced Inequalities			
Gini Coefficient adjusted for top income (1-100)	32.3	●	••
Palma ratio	1.0	●	↑
Elderly Poverty Rate (%)	45.7	●	••
SDG11 – Sustainable Cities and Communities			
Annual mean concentration of particulate matter of less than 2.5 microns of diameter (PM2.5) in urban areas (μg/m³)	28.7	●	↓
Improved water source, piped (% urban population with access)	NA	●	••
Satisfaction with public transport (%)	75.0	●	↑
Rent overburden rate (%)	3.5	●	••
SDG12 – Responsible Consumption and Production			
E-waste generated (kg/capita)	15.9	●	••
Anthropogenic wastewater that receives treatment (%)	84.8	●	••
Production-based SO_2 emissions (kg/capita)	14.5	●	••
Net imported SO_2 emissions (kg/capita)	11.2	●	••
Reactive nitrogen production footprint (kg/capita)	33.9	●	••
Net imported emissions of reactive nitrogen (kg/capita)	NA	●	••
Non-Recycled Municipal Solid Waste (MSW in kg/person/day)	0.5	●	••
SDG13 – Climate Action			
Energy-related CO_2 emissions per capita (tCO_2/capita)	11.6	●	↓
Imported CO_2 emissions, technology-adjusted (tCO_2/capita)	-1.6	●	••
Climate Change Vulnerability Monitor (best 0-1 worst)	0.0	●	••
CO_2 emissions embodied in fossil fuel exports (kg/capita)	0.8	●	••
Effective Carbon Rate from all non-road energy, excluding emissions from biomass (€/tCO_2)	9.9	●	••
SDG14 – Life Below Water			
Mean area that is protected in marine sites important to biodiversity (%)	26.8	●	••
Ocean Health Index Goal-Biodiversity (0-100)	94.8	●	→
Ocean Health Index Goal-Clean Waters (0-100)	64.0	●	↓
Ocean Health Index Goal-Fisheries (0-100)	50.7	●	↗
Fish Stocks overexploited or collapsed by EEZ (%)	7.0	●	••
Fish caught by trawling (%)	45.1	●	→
SDG15 – Life on Land			
Mean area that is protected in terrestrial sites important to biodiversity (%)	36.6	●	→
Mean area that is protected in freshwater sites important to biodiversity (%)	36.8	●	→
Red List Index of species survival (0-1)	0.8	●	↓
Annual change in forest area (%)	3.5	●	••
Imported biodiversity threats (threats per million population)	7.3	●	••
SDG16 – Peace, Justice and Strong Institutions			
Homicides (per 100,000 population)	0.7	●	••
Prison population (per 100,000 population)	107.4	●	••
Population who feel safe walking alone at night in city or area where they live (%)	69.0	●	↑
Government Efficiency (1-7)	3.5	●	↓
Property Rights (1-7)	4.8	●	↓
Birth registrations with civil authority, children under 5 years of age (%)	NA	●	••
Corruption Perception Index (0-100)	54.0	●	↓
Children 5–14 years old involved in child labour (%)	0.0	●	••
Transfers of major conventional weapons (exports) (constant 1990 US$ million per 100,000 population)	0.6	●	••
SDG17 – Partnerships for the Goals			
Government Health and Education spending (% GDP)	11.6	●	••
High-income and all OECD DAC countries: International concessional public finance, including official development assistance (% GNI)	0.1	●	→
Other countries: Tax revenue (% GDP)	NA	●	••
Tax Haven Score (best 0-5 worst)	0.0	●	••
Financial Secrecy Score (best 0-100 worst)	59.0	●	••

우며, 낮을수록 0에 가깝다.

2018년 보고서에서는 총 156개국의 점수와 순위가 공개되었다. 1위는 85점으로 스웨덴이 차지했고, 덴마크(84.6)와 핀란드(83.0)가 그 뒤를 이었다. 한국은 77.4점을 받아 19위를 기록했다. 인덱스는 SDGs 이행 수준을 나타내는 좋은 지표이지만, 연차별 단순 비교는 곤란하다. 앞에서 설명한 것처럼 〈SDSN 글로벌 보고서〉가 매년 발간되고 있지만 평가에 사용하는 일부 지표가 해마다 달라서 인덱스의 점수나 순위 기준이 바뀌기 때문이다. 따라서 그해 사용된 동일한 지표를 기준으로 다른 국가와의 비교만 가능하다. 2016년 27위(72.7), 2017년 31위(75.5), 2018년 19위(77.4)를 기록한 한국이 전년도보다 순위가 올랐다거나 떨어졌다고 볼 수 없다는 뜻이다. 2018년 보고서에 처음으로 포함된 트렌드는 이런 문제점을 보완하기 위한 노력으로 볼 수 있다.

그런데 왜 평가 대상이 156개국일까? 유엔 회원국은 193개국인데 말이다. 보고서를 살펴보면 인덱스에 포함된 국가의 수는 2015년 34개국, 2016년 149개국, 2017년 157개국, 2018년 156개국으로 매년 조금씩 다르다. 북한은 아예 순위에서 빠져 있다. 이것은 점수 환산 및 순위 표기에 필요한 최소 데이터 기준치인 80%를 충족시키지 못했기 때문이다. SDGs 인덱스 표기를 위해서는 총 88개(OECD국가의 경우 111개)의 이행지표 중 80% 이상의 데이터가 충족되어야 한다는 기준이 있다. 그런데 북한은 26개의 지표(전체의 30%)에 대한 데이터가 부족했다. 북한 외에도 정보가 부족한 국가들이 있다. 브루나이 다루살람(Brunei Darussalam), 몰디브(Maldives), 상투메 프린시페(Sao Tome and Principe)처럼 17개 지표에 대한 값이 부족(전체 20%)해서 아쉽게 누락된 경우도 있고, 산마리노(San Marino)와 같이 88개 중 58개의 지표값이 부족(전체 67%)한 국가도 있다.

대시보드: 정보를 한눈에!

대시보드는 각 국가의 목표 달성 정도를 색깔로 표시한 현황판이다. 일반적으로는 여러 가지 정보를 한눈에 알아볼 수 있도록 모아놓은 것을 의미하는데, 친숙한 예로 자동차 운전석 앞에 놓인 계기판을 들 수 있다. 현재 속도, 주행거리, 주유 상태, 차내 온도 등 차량의 상태와 운전에 필요한 정보를 한눈에 확인할 수 있는 대시보드의 일종이다. 컴퓨터나 웹에서도 대시보드가 사용된다. 기능과 상황에 대한 정보를 한데 묶어 용이하게 관리할 수 있도록 도와주는 것이다.

SDSN의 글로벌 보고서는 색깔을 통한 시각화로 SDGs 달성을 위해 어느 부문에 더 많은 노력을 기울여야 하는지를 보여준다. 신호등에서 정지를 가리키는 빨강은 매우 부진하다는 뜻으로, 아직까지 큰 변화가 없음을 나타낸다. 대기신호인 주황과 노랑은 변화가 있으나 아직 목표를 달성하지 못했다는 것을 보여주는데, 주황은 부진, 노랑은 노력이 좀 더 필요하다는 뜻으로 해석할 수 있다. 이미 목표를 달성한 경우에는 초록으로 표시한다.

한 가지 주의할 점은 대시보드의 색깔이 목표의 절대적 달성률을 보여주지 않는다는 것이다. 색깔은 각 목표의 이행지표 중 가장 성적이 나쁜 2개의 지표를 골라 평균화한 것이다. 총 10개의 이행지표 중 8개가 초록색이어도 2개의 지표가 빨간색이면 그 목표는 빨강으로 표시된다. 한 학급에 전교 1등이 있거나 전체 평균이 높은 것과는 별개로 꼴찌 2명의 성적으로 평균을 내는 식이다. 이는 대시보드의 목적에 충실하기 위한 전략적 선택이다.

대시보드의 궁극적 목적은 누가 더 잘하는지, 어떤 목표가 합격점을 받았는지를 확인하려는 것이 아니라 SDGs가 제대로 이행되지 않는 부분을 조명하기 위한 것이다. 만약 색깔 표시의 기준을 모든 지표의 평균값으로 삼는다면 경제적으로 중상위권 이상의 국가들은 한두 지표가 저조해도 전체적으로는 잘하는 것처럼 보일 수 있다. 그러면 실상이 드러나지 않아 문제점을 간과하기 쉽게 된다. 대시보드는 이처럼 선진국이라고 해서 SDGs를 모두 달성할 수 있는 것은 아니라는 사실을 일깨우고, 함께 더 노력해야 할 부분이 있다는 점을 분명히 보여준다.

대시보드에서 회색으로 표시되는 경우가 있는데, 정보 부족으로 판단이 보류되었다는 뜻이다. 해당 목표의 지표값이 최소 기준인 50%를 충족시키지 못했기 때문인데, 예를 들어 SDG2(기아)에서 총 6개의 지표 가운데 3개 이상의 지

인덱스 1위 스웨덴의 대시보드

▼ CURRENT ASSESMENT-SDG DASHBOARD

출처: SDG Index and Dashboard Report 2018

인덱스 순위에서 1등을 차지한 스웨덴의 대시보드를 살펴보면, 빈곤문제를 다루는 SDG1과 지속가능한 에너지의 정도를 나타내는 SDG7은 초록색이고, 다른 목표들은 더 노력이 필요한 노란색과 주황색이다. 그런데 SDG12(지속가능 소비·생산)와 SDG13(기후변화)에서는 빨간색 딱지를 받았다. 지속가능발전의 선두주자인 스웨덴도 이 부문은 부진하다는 평가를 받은 것이다.

OECD회원국 대시보드

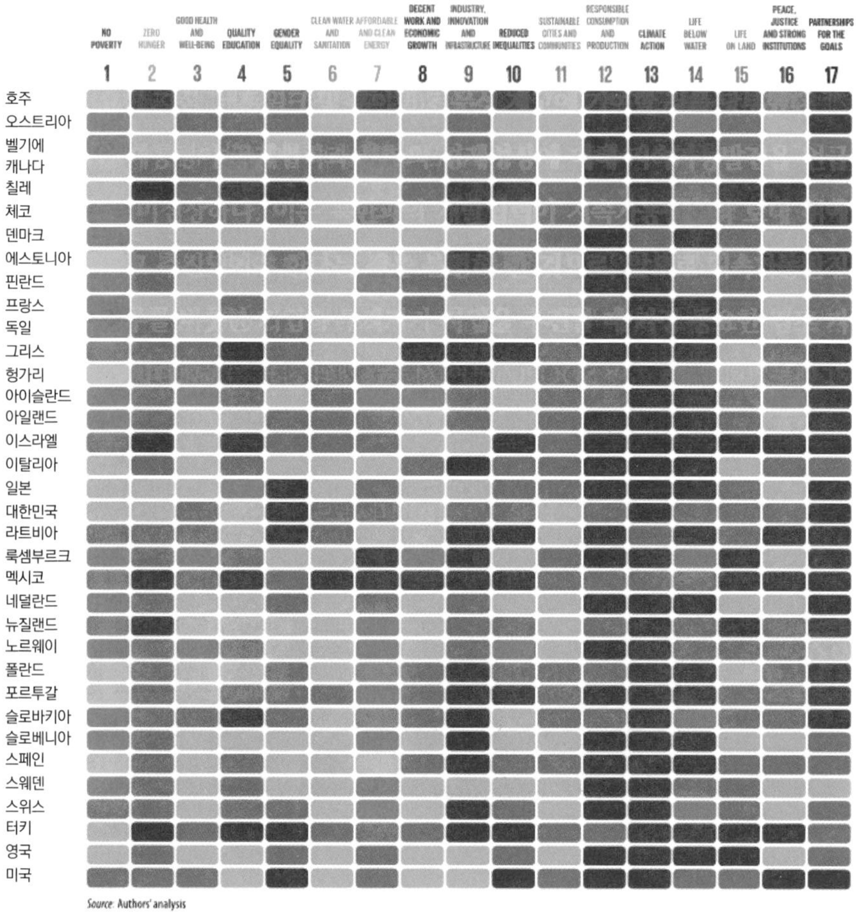

출처: SDG Index and Dashboard Report 2018

표값이 있으면 최하위 지표 2개의 평균값으로 색깔을 표시하고, 그렇지 못하면 회색으로 표시한다.

이 같은 대시보드의 시각화를 통해 우리는 주요 내용들을 한꺼번에 파악할 수 있을뿐더러 여러 국가들을 그룹으로 묶어 동시에 비교할 수도 있다. 〈2018 SDSN 글로벌 보고서〉에서 지역별 그룹은 동남아시아, 동유럽·중앙아시아, 중남미·카리브해, 중동·북아프리카, 사하라사막 이남 아프리카, 오세아니아로 나뉘는데, 북한은 동남아시아에 포함된다.

한국을 포함한 OECD회원국들은 별로의 그룹으로 구분되어 지역별 그룹에서는 표시되지 않는다. 이렇게 따로 구분한 이유는 '선진국들' 사이의 비교를 위해서다.

OECD회원국들의 대시보드를 살펴보면 전반적으로 SDG1(빈곤), SDG7(에너지)에서는 초록색을 많이 보이고 있지만, SDG12(지속가능 소비·생산), SDG13(기후변화), SDG14(해양생태계), SDG17(파트너십)에서는 빨간색이 적잖이 나타난다. 경제가 발전한 국가들이 어떤 목표에 집중해야 하는지를 아주 잘 보여준다.

트렌드: 변동사항을 보고하라

트렌드는 각국이 목표를 어느 정도 달성했는지 그 변화의 추이를 색깔과 화살표로 나타낸 것이다.

트렌드는 2018년 보고서에서 처음으로 도입되었다. 목표별 연간성장률(linear annual growth rates)과 변화의 추이를 단계로 구분하여 화살의 모양과 색깔을 부여한다. 현재의 진척 속도에 비추어 2030년까지 SDGs 달성이 가

목표 달성의 변화 추이

↓ Decreasing	→ Stagnating	↗ Moderately Increasing	↑ On track	→ Maintaining SDG achievement
역주행 (성장률 감소)	미미한 변화 (성장률 50% 미만)	조금씩 발전 (성장률 50% 이상이나 목표 달성에 못미침)	충분한 성장 (2030년까지 목표 달성에 충분한 성장률)	달성 완료 (SDG 목표 달성 완료)

출처: 2018 SDSN 글로벌 보고서. 저자 재구성

능한지를 가늠해볼 수 있다. 빨간색은 부진, 초록색은 달성 가능 또는 달성 완료를 의미하며, 화살표 모양은 성장의 방향을 보여준다. SDGs의 도입 시점을 기준으로 성장률을 보여주는데, 기준점(baseline)에 대한 자료가 부족한 경우에는 SDGs 도입 이전의 데이터를 활용하기도 한다.

트렌드에서 표시하는 내용은 대시보드와 다르기 때문에 나타나는 색깔도 상이할 수 있다. 또한 각 목표마다 이행지표가 75% 이상(대시보드는 50% 이상) 충족되어야 하므로 대시보드에서는 색깔이 나타나 있어도 트렌드에서는 화살표로 나타나지 않는 경우도 있다. 정보가 불충분한 경우에는 화살표 대신 회색 점 2개로 표시한다.

현황표 키워드 정의

구분	의미	표기 방법	평가를 위한 최소 데이터량
인덱스	목표를 달성하기 위한 거리 표기 (점수와 순위)	목표 달성을 위해 행동이 시급한 우선 과제에 대한 시각적 표기	목표 달성 가능성 표기
대시보드	%로 표기 0=Worst/100=Best	17개 목표별 현황을 빨강 주황 노랑 초록 으로 표시(신호등)	색과 화살표로 표시
트렌드	전체 이행지표의 80% 이상	해당 목표의 최소 50% 이상	해당 목표의 75% 이상

출처: 2018 SDSN 글로벌 보고서. 저자 재구성

북한의 현재 성적표

이제는 2018년에 발간된 〈SDSN 글로벌 보고서〉의 북한 현황을 살펴볼 차례다. 앞에서 설명한 것처럼 북한은 정보의 부족으로 인덱스의 점수와 순위가 매겨지지 않았다. 하지만 이전과 달리 대시보드와 트렌드에 북한이 포함되었다는 점에 주목할 필요가 있다.

보고서에서 무엇이 가장 먼저 눈에 들어오는가? 회색으로 표시된 목표들? 시선을 잡아끄는 빨간색 목표들? 북한에 표시된 초록색? 역방향의 화살표가 없다는 사실? 아마도 보는 이의 시각에 따라 눈에 띄는 점도 다를 수 있을 것이다. 예상했던 색깔과 같고 다른 부분을 비교해보는 것도 흥미로울 것이다.

그렇다면 북한은 현재 각각의 목표가 어떤 색으로 표시되어 있고, 그 색깔은 북한에 무엇을 시사하는지 대시보드 중심으로 하나하나 살펴보자.

〈2018 SDSN 글로벌 보고서〉의 북한 페이지

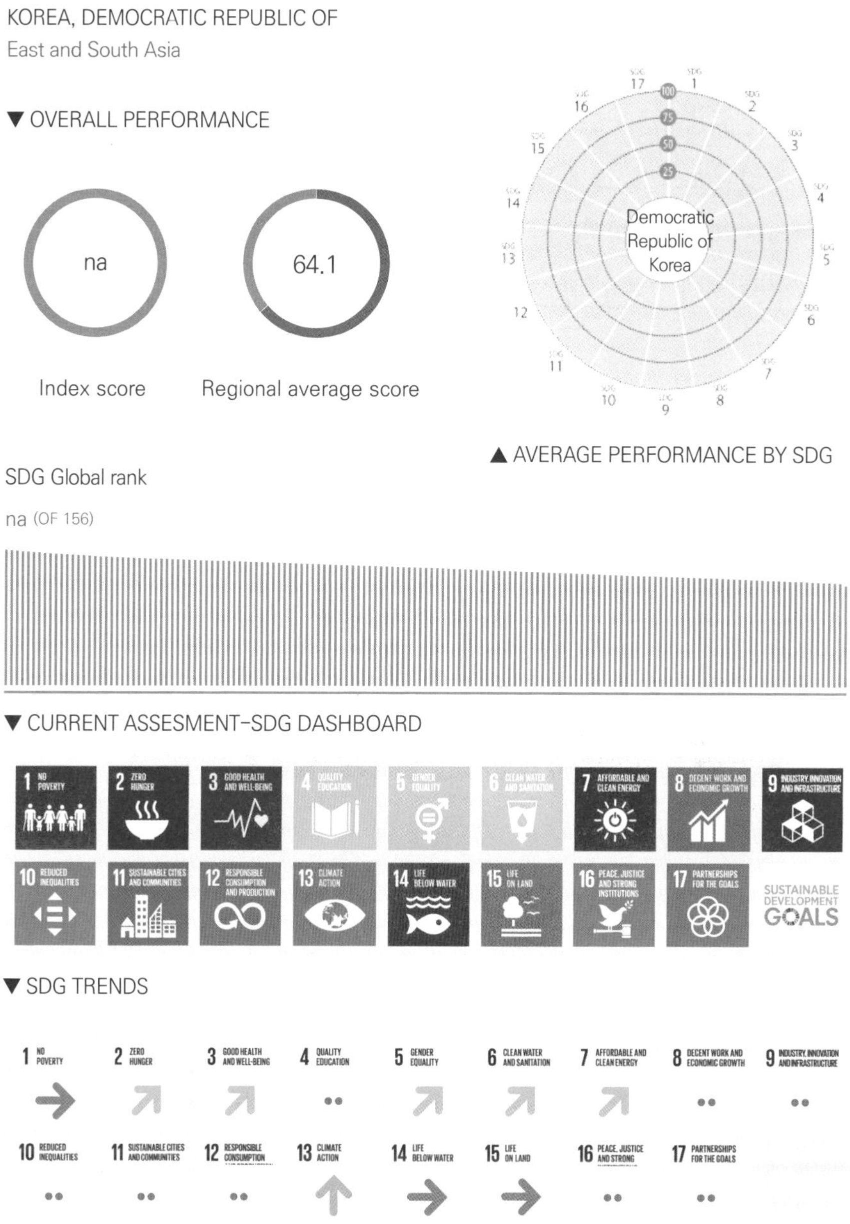

출처: 2018 SDSN 글로벌 보고서

북한의 SDGs 이행 현황

2018년 유엔에서 발표한 〈SDSN 글로벌 보고서〉의 북한 SDGs 이행 현황 평가 결과를 보면, 17개 목표 중에서 SDG1(빈곤), SDG2(기아), SDG3(건강·복지), SDG7(에너지), SDG9(산업·혁신·인프라), SDG14(해양생태계) 등 6가지 항목이 가장 취약한 것으로 나타났다.

북한의 SDG 이행 현황

평가	북한의 SDG 이행 현황
모범(Role Model)	13
양호(Compatible)	4, 5, 6
불충분(Insufficient)	8, 11, 15
매우 불충분 (Highly insufficient)	1, 2, 3, 7, 9, 14
심각한 불충분 (Critically insufficient)	10, 12, 16, 17

출처: 2018 SDSN 글로벌 보고서. 저자 재구성

빨간색: 집중마크 필요

북한이 심각한 취약성을 드러낸 6가지 목표인 SDG1(빈곤), SDG2(기아), SDG3(건강·복지), SDG7(에너지), SDG9(산업·혁신·인프라), SDG14(해양생태계)를 자세히 살펴보자.

■ SDG1(빈곤), SDG2(기아)

SDG1(빈곤), SDG2(기아)의 이행지표

SDG1. 빈곤 종식			
전체 인구에서 하루 1.90달러 아래의 인구 비율(%)	40.1	●	→
2030년 예상되는 전체 인구에서 하루 1.90달러 아래의 인구 비율(%)	31.2	●	••
SDG2. 기아 종식			
영양부족률(Prevalance of Undernourishment)(%)	40.8	●	••
5세 이하 발육부진율(Prevalance of Stunting under-5s)(%)	27.9	●	→
5세 이하 영양실조율(Prevalance of Wasting under-5s)(%)	4.0	●	↑
성인비만율(%)(BMI ≥30)	6.8	●	→
곡물산출량(Cereal Yield)(t/ha)	4.1	●	→
지속가능한 질소관리지수(sust. Nitrogen Management Index)(0-1)	NA	●	••

출처: 2018 SDSN 글로벌 보고서. 저자 재구성

1990년대 엄청난 기근으로 인한 고난의 행군 이후 북한에서는 장마당이 생겨나는 등 경제성장에 박차를 가하며 많은 변화를 겪고 있다. 평양의 '미래과학자거리'와 '려명거리'를 따라 들어선 고층 빌딩과 고급 아파트의 모습은 빈곤과 기아에 시달리는 북한과 대조적으로 느껴진다. 180도 다른 북한의 두 모습을 어떻게 봐야 할까?

알쏭달쏭한 북한의 모습 이면에는 계층 간, 지역 간 심각한 빈부격차가 존재한다. 이예정 전 우리민족서로돕기운동 부장(현 남북공동연락사무소 사무관)은 '돈주'로 불리는 북한의 자본가들은 서울의 알짜배기땅에 위치한 값비싼 아파트도 살 수 있을 만큼 부유한 반면, 당장의 끼니를 때우지 못해 전전긍긍하는 주민들이 있다고 설명한다. 2018년 한국을 방문한 프라빈 아그라월 유엔세계식량계획(WFP) 평양사무소장은 북한의 식량 사정이 전보다 좋아졌음에도 불구하고 북한 인구의 40%가 영양부족을 겪고 있으며, 지역별로 발육부진의 격차가 심각하다고 밝힌 적이 있다.* 2017년 유니세프가 북한 당국의 협조를 얻어 8,500가구를 대상으로 실시한 종합지표조사(MICS)**에 따르면 만성영양실조로 발육부진을 겪는 5세 미만 어린이의 비율이 평양 10.1%, 양강도 31.8%로 큰 차이를 나타냈다.

보고서에 나타난 수치를 보면 SDG1(빈곤), SDG2(기아) 등의 지표에서 영양부족률이 심각한 수준으로 나타난다. 실제로 영양부족률은 유엔의 북한팀에서 매년 발표하는 '인도적 필요와 우선순위(Needs and Priorities)'에서 지속적으로 언급하는 부분이기도 하다. 이 같은 영양부족률도 문제지만, 영양분 섭취가 고르게 이루어지지 않는 점도 큰 문제로 지적되고 있다. 특히 단백질과 지방, 미량영양소(micronutrient)의 결핍이 매우 심각한 상태로 보고된다.

유니세프의 〈2017 MICS〉 보고서는 5세 미만의 발육부진과 급성영양실조의 수치를 각각 19.1%와 2.5%로 기록했다. 조금씩 나아지고 있는 것으로 보이지만 여전히 좋지 않은 상황이다.

미국의 민간단체인 세계식량정책연구소(IFPRI), 아일랜드의 국제인도주의단체 컨선월드와이드(Concern Worldwide), 독일의 세계기아원조(Welthungerhilfe)는 매년 〈세계기아지수〉 보고서를 발간하고 있는데, 2018

* 연합뉴스(www.yonhapnews.co.kr/bulletin/2018/09/14/0200000000AKR20180914161400004.HTML), 2018. 9. 15.

** MICS(the Multiple Indicator Cluster Surveys, 종합지표조사 또는 다중지표 클러스터조사)는 유니세프가 정확한 국가별 정보를 수집하기 위해 1995년에 개발한 조사 방법으로, 빈곤국가의 어린이와 여성의 보건, 영양 상태를 포함한 생활환경을 파악한다. 북한에서는 1998년, 2000년, 2009년, 그리고 2017년에 실시되었다.

북한의 세계기아지수 점수 변화

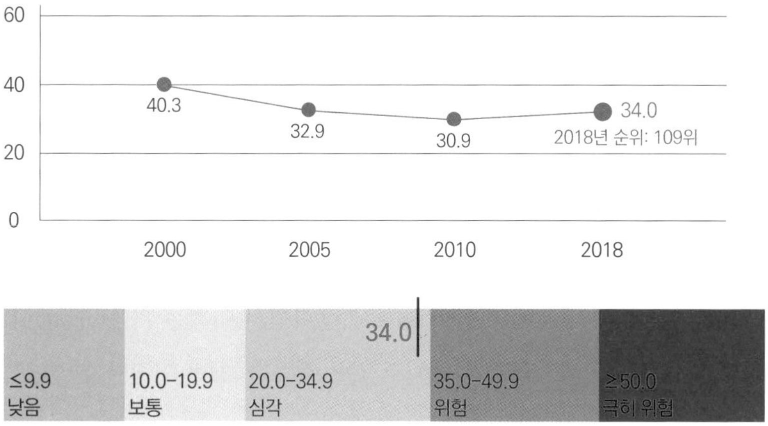

출처: www.globalhungerindex.org

년 보고서에서 북한은 기아지수가 119개국 중 11번째로 높은 것으로 나타났으며*, 식량난이 '심각한 단계'로 분류되었다.** 2000년의 40.3점에서 2018년에는 34점으로 상황이 나아지기는 했지만, 18년 전에 비해 개선 폭이 크지 않다. 사실 이마저도 '위험 단계'에서 1점 차이로 턱걸이한 점수다. 2010년 대비 점수가 같거나 더 나빠진 16개 국가 중 하나로 우려할 만한 상황이다.

빈곤과 기아 문제의 해결이 더딘 이유는 여러 가지다. 북한은 기본적으로 농업환경 자체가 열악하다. 앞에서도 언급했지만 국토의 70% 이상이 산지이고,

* 119개국 중 109위(순위가 낮을수록 심각) 기록

** 50점 이상 극히 위험(extremely alarming), 35~49.9점 위험(alarming), 20~34.9점 심각(serious), 10.0~19.9점 보통(moderate), 10점 미만 낮음(low)

전체 경작지는 1,644ha로 전체 국토 면적의 14%가 채 되지 못한다. 게다가 농축산업 분야에 대한 투입이 원활하지 않다. 전문가들은 식량안보의 중심인 농업과 축산업은 투입 대비 산출이 분명한 업종이라고 말한다. 농업은 꾸준한 농자재가, 축산업은 충분한 사료가 공급되어야 산출을 기대할 수 있다는 말이다. 그런데 북한은 경제 사정과 국제사회의 제재 등으로 농축산업에 필요한 투입을 담보하기가 어렵다.

엎친 데 덮친 격으로 전 세계적인 기후변화 역시 큰 난제 중 하나다. 과거에는 일시적인 현상에 그쳤던 가뭄이 매해 발생하면서 이제는 가뭄(drought) 대신 건기(dry spell)라는 표현이 사용되고 있을 정도다. 제반 여건이 취약한 상태에서 자연재해에 무방비로 노출될 수밖에 없는 북한의 현실이 빈곤과 식량난을 지속시키는 원인이 되고 있다.

이예정 부장은 〈SDSN 글로벌 보고서〉의 곡물산출량 트렌드가 '→'를 유지할 수 있을지 미지수라고 말한다. 곡물산출량이 조금씩 증가해온 것은 사실이지만, 2016년부터 강화된 대북제재로 농자재와 비료 등이 제대로 공급되지 못하고 있기 때문이다.

빈곤과 기아 부문에서 유일하게 회색을 받은 지표는 지속가능한 질소관리지수다. 이는 식량 생산과 그에 따른 환경 파괴를 가리킨다. 질소비료는 농작물 생장에 도움이 되지만 과다 사용 시 토양의 질 저하, 수질오염, 대기오염(미세먼지) 유발 등의 문제를 낳는다. 축산의 경우도 가축의 배출물에 함유된 질소가 수질오염을 일으키기 때문에 축산 농가들의 정화시설이 환경보호에 매우 중요하다. 이예정 부장에 따르면 북한은 현재 중국에서 비료의 대부분을 수입하고 있지만, 전체의 필요를 충족시키기에는 부족하기 때문에 질소비료의 과다 사용에 따른 환경오염은 상대적으로 덜할 수 있지만, 곡창지대에서

북한의 빈곤 및 기아 현황 요약

- 북한은 2018 세계기아지수에서 34점, 119개국 중 109위(11번째로 열악)를 기록하여 심각한 단계로 분류됨
- 최악의 시기보다 식량 사정이 나아졌으나, 여전히 인구의 40%가 영양부족을 겪고 있음
- 아동 발육부진율(27.9%), 영양실조율(4.0%)의 지역 간 격차가 심함. 예) 5세 미만 아동 발육부진율이 평양 10.1%, 양강도 31.8%
- 열악한 농업환경(농경지의 절대 부족), 농축산업에의 투입이 부족함(농자재, 사료 등), 기후변화의 영향과 자연재해에 취약한 여건 등으로 빈곤과 식량난 지속
- 비료 사용에 따른 오염은 상대적으로 낮은 것으로 예측되지만, 지역별 편차가 있을 수 있음

→ 해법은

- 자국의 생산량 증가, 수입, 원조 등의 방법을 통한 식량 총량 증대로 필수 식량 확보
- 구체적 계획 단계에서 환경과 지속가능성 고려
- 균등한 식량 분배로 계층별, 지역별 격차 해소

는 비료를 집중적으로 사용할 것으로 예상되기 때문에 지역별 환경오염의 정도는 큰 편차를 보일 수 있다.

북한 농업의 전문가인 권태진 박사는 식량안보의 핵심은 모든 북한 주민이 식량에 대한 접근성을 일정 수준 이상 유지하는 것이라고 말한다. 결국 북한의 식량안보는 전체 식량의 확보량을 늘리고 확보된 식량자원을 제대로 분배하는 것이 가장 중요하다. 식량 부문에 대한 투자 확대는 두 말할 필요가 없다.

■ SDG3(건강·복지)

북한에 대한 인도적 지원 차원에서 식량·영양 문제와 더불어 가장 많이 거론되는 분야가 보건의료다. 다른 분야에 비해 오랜 기간 많은 지원이 이루어졌지만, 계속해서 지원해야 할 분야다.

SDG3(건강·복지)의 이행지표 현황

SDG3. 건강·복지			
모성사망률(10만명당)	82	●	↑
신생아 사망률(천명당)	10.7	●	↑
5세 미만 사망률(천명당)	20	●	↑
결핵발병률(10만명당)	513	●	→
HIV유병률(천명당)	0	●	→
30~70세 사이의 심혈관질환, 암, 당뇨병 및 만성호흡기질환으로 인한 연령 표준화된 사망률(10만명당)	26.5	●	↗
가정용 대기오염 및 대기오염으로 인한 연령 표준화 사망률(10만명당)	261.8	●	••
교통사고 사망률(10만명당)	20.7	●	→
출산 시 건강기대수명(Health Life Expectancy at Birth)(연)	70.6	●	→
청소년 출산율(adolescent fertility)(15~19세 사이의 여성 청소년, 천명당)	0.3	●	→
숙련된 의료 전문인이 참석한 출산율	100	●	••
영아 예방접종률(infants who received 2 WHO vaccines)(%)	96	●	→
보편적 건강보장 추적지표(Universal Health Coverage Tracer Index)(0-100)	56.6	●	→
주관적 웰빙(0-10)	NA	●	••

출처: 2018 SDSN 글로벌 보고서. 저자 재구성

북한의 의료시스템은 기본적으로 사회주의국가의 방식을 따른다. 무상의료체계와 의사담당구역제도를 실시하고 예방약을 강조한다. 이 중에서 의사담당구역제도는 조금 생소할 수 있는데, 남한의 읍, 면 정도의 지역(약 100~150여 가구)에 '호담당 의사'가 정기적으로 방문하여 위생, 소독, 예방접종, 검진 등의 포괄적 의료서비스를 제공하는 제도를 말한다.*

이혜원 서울의료원 과장은 1980년대까지만 해도 북한의 보건의료 상황이 나쁘지 않았다고 설명한다. 실제로 남한과 비교했을 때 기대수명 등의 지표상에

* 신희영 외, 통일의료, 2017

서 큰 차이가 없었다. 그런데 구소련 붕괴 이후 사회주의국가들의 지원 중단과 김일성 사망, 홍수와 가뭄 등의 자연재해로 국내외 여건이 열악해지기 시작했다. 의료진의 인건비가 지급되지 못하고 약품 배급마저 중단되자 보건의료 상황이 급격히 악화되었다. 의사들은 병원을 비운 채 개인적인 경로로 의료시술을 시행했고, 호담당 의사들 역시 생계 유지를 위해 장마당에서 더 많은 시간을 보내게 되었다. 약이 제때 공급되지 않다 보니 중국에서 들여온 약이 비싼 값에 유통되고, 약에 대한 규제가 제대로 이루어지지 않게 되었다.

이러한 배경을 기억하며 빨간색 지표들부터 살펴보자.

결핵은 공기를 통해 감염되는 질병으로 전 세계에서 10대 주요 사망 원인 중 하나다. 세계보건기구(WHO)에 따르면 북한의 결핵발병률은 세계 1위다. 한국에도 꽤 많이 알려져 있는 북한의 결핵문제는 핵 다음으로 큰 문제라고 이야기될 정도다. 한국에 들어오는 탈북민들에게서 가장 많이 발견되는 질병의 하나도 결핵이다. 2018년 JSA를 통해 귀순하는 과정에서 입은 총상으로 수술을 받은 북한 병사가 몸에 지닌 기생충으로 큰 화제가 되었는데, 폐결핵도 앓고 있었다.

결핵은 필요한 치료약을 제대로 먹지 못해 내성이 생기면 난치성 결핵으로 이어진다. 지금까지는 세계기금(The Global Fund)을 통해 결핵과 말라리아 퇴치를 위한 대규모 지원을 받아왔으나,* 대북제재로 이마저도 중단될 위기에 처했다. 만약 세계기금의 지원이 끊겨 현재 복용 중인 약을 중단하면 큰 문제를 초래할 수 있다.

북한의 전염성 질병은 남한에도 영향을 미칠 가능성이 크다. 현재도 그렇지

* VOA, 2010~2017년 사이 1억 300만 달러 지원, 2018

만 추후 남북교류가 활발해지면 취약한 북한의 방역체계가 더 크고 강력한 영향을 미칠 수밖에 없으므로 사전 협력을 통해 문제를 예방해야 한다.

WHO의 〈2017 세계보건통계〉에 따르면 북한은 대기오염으로 인한 사망률도 172개국 중 가장 높은 것으로 나타났다. 10만 명당 238명으로, 황사와 미세먼지의 근원지로 지적받는 중국보다 1.5배가량, 한국보다는 10배 이상 높은 수치다. 요즘에는 북한 뉴스에서도 미세먼지에 대한 주의와 더불어 마스크 착용을 권고하는 내용을 내보낸다. 전기와 가스 공급이 원활하지 않은 북한에서는 주민들이 나무와 석탄 등을 이용하는데, 그 때문에 발생하는 대기오염이 상당한 수준으로 파악된다. 영국의 BBC는 북한의 에너지 소비량이 한국의 10%인데 미세먼지나 초미세먼지 농도가 비슷하다는 점을 들어 북한의 에너지 효율성을 비판하기도 했다. 이러한 문제들은 당장의 해결책보다 구조적 변화를 통해 개선될 수 있다. 일례로 일부 개발도상국에서는 비슷한 문제 해결을 위해 부엌에 구멍을 내어 환기가 가능하도록 구조를 개선하는 사업이 이루어지고 있다.

외과적 치료의 경우에는 의료체계와 설비 문제가 대처 능력을 떨어뜨리는 것으로 보고된다. 수술을 시행할 수 있는 병원이 많지 않아 교통사고가 발생해도 빠른 시간 내에 대처하기 어려운 형편이다. 기본적으로 수술에는 물, 전기, 소모품 등의 장비가 필요한데, 북한은 의료장비가 낙후되었을 뿐만 아니라 전력도 부족해 수술환경 자체가 열악하다. 한 탈북 외과의사에 따르면 수술하는 동안 전기가 끊어지지 않도록 다른 기관들과 협의를 해야 할 만큼 상황이 여의치 않다고 한다.

양극화된 의료 혜택

그런데 북한의 보건의료 관련 이행지표들을 보면 생각보다 초록색이 많은 편이다. 이혜원 과장은 지표의 상태는 다양한 요인의 결과이고 경제적 발전과 함께 나아질 수 있다고 말한다. 2000년대 이후 세계보건기구(WHO), 유엔세계식량계획(WFP), 유엔아동기금(UNICEF), 세계백신면역연합(GAVI Alliance) 등 국제기구들을 통해 지원이 이루어진 영향도 크다. 특히 영유아 및 소아의 건강과 영양에 대한 지원이 꾸준히 이루어진 덕분에 5세 미만의 아동사망률이 호전될 수 있었다. 그러나 모성사망률은 의료 전반의 시스템이 같이 작동해야 좋아질 수 있기 때문에 일정 수준에서 더 개선되지 못하고 있다.

북한 당국은 HIV유병률이 0%라고 발표하고 있으나, 수치에 대한 신빙성은 낮게 평가된다. 회색으로 표시된 '주관적 웰빙'만 해도 설문조사가 어려워 결과를 얻기가 만만치 않다.

현재 북한은 한국이나 국제사회에 의료 협력 및 지원을 요청할 때 평양을 우선한다고 한다. 하지만 이는 의료 혜택의 지역 간 격차를 증폭시킬 수 있으므로 주의가 필요하다. 또한 의료 지원을 투자 개념으로 판단하여 최신식 장비를 투입하면 의료 혜택마저도 양극화의 문제를 일으킬 수 있다. 보건의료는 공공성이 중요한 분야다. 이혜원 과장은 투자보다 건강권 개념으로 접근하여 사회보장제도의 차원에서 문제를 다루는 것이 중요하다고 강조한다.

흔들리는 1차 의료

한국은 의료기관을 의원과 보건소(1차), 지역종합병원(2차), 상급종합병원과 대학병원(3차)으로 분류한다. 이와 달리 북한에서는 1차 의료기관을 리, 동 단위(리·동 진료소), 2차를 시, 군, 구 단위(시·군 병원), 3차를 도 단위(도 중앙병원·의대부속병원)로 나누는데, 수술장비 교체나 외과적 역량 강화와 같은 지원은 3차 의료기관 중심으로 이루어진다. 3차 의료기관의 시설과 역량을 높이는 것도 중요하지만, 예방과 관리 차원에서 1차 의료기관의 역량을 제고하는 것도 그에 못지않게 중요하다. 만성질환을 확인하고 관리하는 1차 의료가 제대로 작동한다면 병을 키운 상태로 치료받는 일은 사라질 것이다.

개혁을 추진한 사회주의국가들 중에서 보건지표가 유지된 국가는 많지 않다. 예외적으로 베트남 등 일부 국가들은 체제전환 이후에도 보건지표가 유지되었는데, 그 핵심 요인은 1차 의료를 강화한 것이었다. 북한은 호담당의사제도와 같이 1차 의료체계가 갖춰져 있지만 제대로 기능하지 못하는 문제를 안고 있으므로 이 부분이 안정적으로 운영될 수 있도록 개선을 서둘러야 한다.

다행히 북한의 보건의료는 국제사회의 지원 덕분에 분야별 네트워크가 비교적 잘 구축되어 있다. 이를 충분히 활용해야 한다. 또한 남북교류와 협력이 활발해질 경우 북한의 보건 분야 플랫폼을 한국 정부가 단독으로 구축하려 하지 말고 북한의 관련 전문가들과 협업을 통해 추진할 필요가 있다. 독

북한의 건강·복지 현황 요약

- 북한의 결핵문제는 심각하고, 약을 제대로 복용하지 못해 난치성 결핵으로 이어지고 있음. 결핵을 비롯한 전염성 질병은 우리에게도 직접적 영향을 줄 수 있으므로 필히 해결해야 함
- 취사 및 난방용 땔감 사용으로 대기오염이 심각하며 이로 인한 사망률이 높음
- 장비, 전력, 기술 문제로 외과적 역량이 낮고 외상 사고에 대한 발 빠른 대처가 어려움
- 영유아 관련 보건지표들은 꾸준히 개선되어왔으나, 모성사망률은 일정 수준에서 더 호전되지 못하고 있음

→ 해법은

- 외과적 역량을 높이는 동시에 1차 의료기관의 역량이 유지될 수 있도록 지원
- 북한에 구축되어 있는 국제기구 및 지원단체의 네트워크 활용 및 협력

자적이고 개별적인 지원은 효과를 장담하기 어렵고 전체 의료시스템에 혼선을 줄 수 있기 때문이다. 더불어 북한의 현실을 보다 정확하게 파악하여 지역별 편차 해소에 보다 관심을 기울여야 한다.

■ SDG7(에너지)

SDG7(에너지)의 이행지표 현황

SDG7. 지속가능한 에너지			
전기 접근율(%)	32.4	●	➡
청정연료와 취사기술 접근율 (access to clean fuels & technology for cooking)(%, 인구)	6.6	●	➡
연료 및 전기로부터 이산화탄소 배출량($MtCO_2$ /TWh)	1.7	●	⬆

출처: 2018 SDSN 글로벌 보고서. 저자 재구성

북한은 현재 심각한 에너지난을 겪고 있다. 전기를 배급하는 북한에서는 정전이 다반사로 일어난다. 전기 공급이 불규칙해서 갑자기 엘리베이터가 작동하지 않거나 난방이 공급되지 않는 경우가 허다하다. 그래서 주민들은 아파트 고층보다 저층을 선호하고, 대부분 집에서 휴대용 자가발전기를 가동한다.

가정에서 사용하는 주요 에너지 연료는 석탄과 나무다. 전기가 부족해서 아직도 주방에서 장작을 땐다. 또한 구소련 시절에 지원받은 시스템을 그대로 사용하고 있어 지속가능성을 고려한 클린에너지(대기를 오염시키지 않는 에너지) 사용은 요원한 상태다.

북한의 전력 상황 분석은 '전기'에 대한 기본적인 이해를 필요로 한다. 전기에도 주파수가 있는데, 한국과 미국 등에서는 60Hz, 중국과 러시아, 유럽에서는 50Hz를 사용한다. 전압이 다르면 전기제품 사용에 문제가 생기는 것처럼 주파수가 달라도 문제가 생길 수 있다. 북한의 전기주파수는 우리나라와 동일한 60Hz이지만, 실제로 측정해보면 오차 범위가 너무 커서 전기적으로 해석이 어려울 정도라고 한다. 발전소에서 60Hz로 생산해도 송전 과정에서 손실이 발생하다 보니 사용처에서 60Hz가 나오지 않는 것이다.

전기 사용을 어렵게 하는 문제들

김효진 한국전기통신기술연구조합 원장이 알려주는 북한의 전력산업은 문제투성이다. 북한은 원자력발전 없이 수력과 화력으로 전력을 생산하는데, 댐의 노후화로 발전소 효율이 매우 낮고 산림채벌로 저수 기능이 저하된 상태다. 화력발전은 석탄 생산에 필요한 시설이 부족해 절대적 전력 증산이 곤란한 실정이다. 송배전설비 역시 노후화되어 전력 손실이 막대하다. 전신주를 세워 전선을 연결하는 우리나라와 달리, 북한은 다른 사회주의국가들과 마찬가지로 땅속에 전선을 파묻는 지중화 방식으로 전력망을 구축했다. 지중케이블은 지속적인 유지보수가 필요한데, 북한은 구소련 붕괴 이후 지원이 끊기면서 유지보수가 제대로 이루어지지 못했다. 전력 손실이 클 수밖에 없다. 생산 및 송전 과정에서 발생하는 전압 변동과 저품질 주파수로 전자기기의 수명이 단축될 정도로 전력이 불안정하다.

상황이 이렇다 보니 전기 공급이 국가의 우선순위 결정에 따라 이루어져 주민들이 사용하는 전력은 전체 공급량의 10% 정도에 불과한 것으로 파악된다. 그런데 그마저도 평양에 집중되어 있어 평양을 제외한 나머지 지역은 전기가 거의 없다고 봐도 무방할 정도라고 한다.

북한은 부족한 전력을 중국에서 들여온 발전기를 통해 공급하는데, 문제는 중국의 전기가 50Hz라는 것이다. 그래서 북한의 공식 주파수는 60Hz이지만 실제 사용하는 주파수는 50Hz에 가깝다. 중국의 전력과 전자제품 사용으로 실질적 기준이 중국 주파수에 맞춰져 있기 때문이다. 이렇듯 중국에 대한 의존도가 높아지는 상황에서 남북 간 전력 협력이 지연되는 것은 바람직하지 않다. 최악의 경우 북한의 공식 주파수가 중국의 주파수로 변경될 수도 있다. 중국의 전력이 북한을 잠식해버리면 추후 우리가 지원을 하고 싶어도 주파수 변환을 위한 추가 비용이 발생할 수밖에 없다.

주파수 외에도 남북한이 사용하는 전력이 다르다는 문제가 남아 있다. 남한은 15만 4,000v나 34만 5,000v를 사용하지만, 북한은 27만 5,000v를 사용하고 있어 북한에 한국형 발전소를 건설해도 생산한 전기를 사용할 수 없다. 이 또한 해결이 요구된다.

먼저 용어의 통일부터

에너지는 경제를 움직이는 원동력이다. 단순히 발전소 하나를 짓는 것으로 해결할 수 있는 문제가 아니다. 독일은 통일 후 전기를 통일하는 데 3년이 소요되었다고 한다. 멀리는 통일, 짧게는 남북협력을 위해 지금부터라도 차근차근 준비해야 한다.

먼저 학술 교류를 통해 전기 분야에 대한 용어를 통일하는 일부터 시작할 수 있을 것이다. 용어의 차이 때문에 겪게 되는 소통의 어려움은 어느 분야나 있을 수 있지만, 기술적 전문성이 요구되는 분야일수록 그로 인한 오해를 최소화하는 것이 중요하다. 에너지 분야는 농업이나 보건의료처럼 교류를 꾸준히 이어온 것이 아니기 때문에 그 간극이 더욱 크므로, 학술 교류를 통한 만남

북한의 에너지 현황 요약

- 남한: 수력·화력·원자력·신재생 에너지 사용, 북한: 수력·화력 에너지 사용
- 전기를 배급하는 북한은 안정적 전력 공급 실패로 에너지난이 매우 심각함
- 구소련의 지원으로 건설된 시설 및 설비 노후화로 전력 손실이 막대함
- 북한은 60Hz를 공식 주파수 기준으로 삼고 있으나, 송전 과정에서의 손실로 주파수 오차 범위가 매우 큼
- 부족한 전력은 50Hz를 기준으로 하는 중국의 발전기를 통해 공급
- 남한 전압은 15만 4,000v와 34만 5,000v인데, 북한 전압은 27만 5,000v로 전력이 서로 달라 남한의 전력을 북한으로 지원하기 어려움

→ 해법은
- 에너지 분야에서의 학술 교류(기술적 용어 통일 등)
- 전력 안정화
- 전압 및 주파수 통일
- 환경친화적 에너지 개발 계획 협의

이 에너지 산업협력의 시발점이 될 수 있다.

실무적 차원으로 넘어가면 전력망의 신규 건설 등 원활한 전기 사용을 위한 조치를 실질적으로 실현시켜나갈 필요가 있다. 이미 한국에너지기술연구원은 북한의 신재생에너지 지도를 구축해놓았다. 이와 같은 준비를 바탕으로 보다 원활한 남북의 에너지 협력을 위해 전기주파수 안정화 및 전압 통일과 관련된 논의와 실천을 이어가야 한다.

■ SDG9(산업·혁신·인프라)

북한은 늘 과학기술 혁신을 통한 성장을 꿈꿔왔다. 혁신은 북한의 화두와도 같은 단어다. 실제로도 북한은 발 빠르게 움직였다. 광통신의 경우만 해도 우리나라보다 앞선 1990년대 후반부터 설치하기 시작했는데, 완성 시기

SDG9(산업·혁신·인프라)의 이행지표 현황

SDG9. 산업·혁신·인프라			
인터넷 사용률(%)	0.0	●	••
이동 브로드밴드 구독률(백명당)	14.2	●	↗
전반적인 인프라의 질(1=낮음 ~ 7=높음)	NA	●	••
물류성과지수(Logistics Performance Index)(1=낮음 ~ 5=높음)	NA	●	••
QS 세계 대학순위, 상위 3개 대학의 평균 점수(0-100)	0.0	●	••
과학 및 기술 저널에 등재된 논문 수(인당)	0.0	●	••
R&D 지출(GDP 대비, %)	0.0	●	••

출처: 2018 SDSN 글로벌 보고서. 저자 재구성

가 늦었을 뿐이다. 컴퓨터를 만들 때에도 어떻게 공장에 도입할지를 먼저 고민했다. 이처럼 북한은 일찍부터 과학기술을 산업에 적용시키는 방법을 생각하며 혁신을 이루고자 노력해왔다.

강호제 북한과학기술연구센터 소장은 과학기술 분야에 대한 북한의 강점으로 강한 의지와 최고 지도자의 관심, 그리고 빠른 확산 속도를 꼽았다. 세계경제포럼의 창립자인 클라우스 슈밥이 2016년 다보스포럼에서 강조한 이후 우리나라에도 널리 알려진 4차 산업혁명이 북한에서는 2011년부터 '새세기 산업혁명'이라는 이름으로 불리며 김정은 정권의 주요 과제가 되었고, 지식과 지능 노동에 의한 경제활동이라는 특징을 나타냈다.[*] 김정은 위원장은 "새세기 산업혁명은 본질에서 과학기술혁명"이라는 점을 역설했으며,[**] 이 같은 최고 지도자

* '새세기 산업혁명'이라는 말은 2011년 11월 2일 로동신문 사설에서 처음 등장했다(변학문, 김정은 정권 '새세기 산업혁명' 노선의 형성 과정).

** NK경제(어록 분석), "과학 발전이 경제강국 건설의 지름길"(김정은)(www.nkeconomy.com/news/articleView.html?idxno=26)

산업혁명의 역사

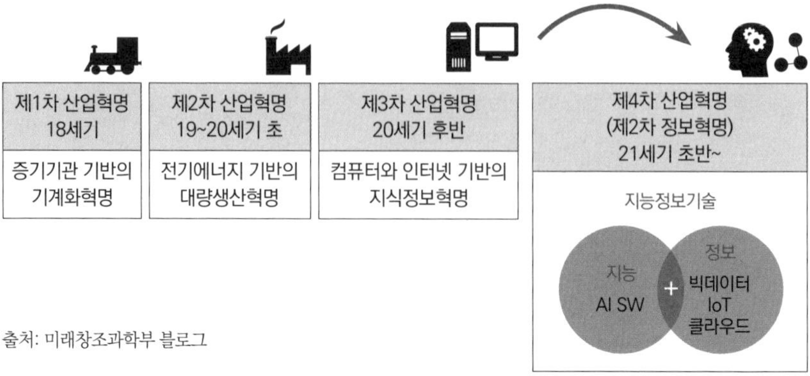

출처: 미래창조과학부 블로그

의 관심 표명은 4차 산업혁명에 박차를 가하게 만들었다.

북한은 모든 기관이 국가 소속이어서 새로운 기술 적용과 확산 과정에서 칸막이가 낮은 것이 장점으로 작용한다. 기술의 계량화와 자동화 속도만 봐도 알 수 있다. 최근에 북한은 컴퓨터로 모든 수치를 계량화하여 재배하는 양묘장이 반년에 하나씩 생기고 있다고 한다. 이처럼 국가에서 기술을 개발하여 확산하기로 결정하면 내부적으로 기술이 확산되는 것은 시간문제다.

제한적이지만 실재하는 '국제망'

북한에는 국가 내부에서 사용하는 인터넷인 '국가망'*과 외부(다른 국가들)

* 북한의 국가망은 '인트라넷'으로도 불린다. 하지만 강호제 소장은 지역망을 가리키는 인트라넷의 규모는 대개 한 집, 한 건물 정도이기 때문에 국가 전체의 연결망을 인트라넷으로 표현하기에는 무리가 있다고 말한다. 따라서 여기에서는 북한에서 사용하는 '국가망'이라는 용어를 쓰기로 한다.

와 연결되는 인터넷인 '국제망'이 있다. 국제망은 소수만 사용할 수 있는데, 일반적으로 허가를 받은 전문기관이나 평양과기대, 외국인을 위해 마련된 호텔의 PC방, 외국인이 사용하는 핸드폰 유심칩 등으로 접속이 가능한 것으로 알려진다. 하지만 현실은 조금 다르다. 공식적으로는 주민들의 국제망 접속이 제한되어 있지만, 중국에서 들여온 핸드폰이나 유심칩을 사용하면 일반인들도 비공식적 루트를 통해 인터넷에 접속할 수 있다고 한다. 국제망 접속이 어렵다고 해서 북한 주민들의 인터넷 사용률을 0%으로 단정할 수 없는 이유다.

북한의 국가망은 자체 개발한 게이트웨이*를 사용하기 때문에 외부와의 접속이 어렵지만, IP를 입력하여 사용하면 어렵지 않게 인터넷과 동일한 체계로 운영될 수 있다. 다시 말해서 국가망이 외부와 연결되기만 하면 얼마든지 인터넷(국제망)이 되는 것이다.

유니세프의 MICS 보고서에 따르면 개인이 집에서 국가망에 접속하는 인구 비율이 1.4%라고 한다.** 매우 낮은 수준이지만, 접속이 이루어지는 증거로 볼 수 있다. 이전 3개월간 국가망을 사용한 적이 있는 사람의 비율도 남자 11.6%, 여자 5.2%로 아직은 낮은 편이다. 지역별로는 평양이 38.6%로 다른 지역과 큰 차이를 보이며 높은 사용 비중을 보였다. 학교와 직장, 공장에서 국가망 접속 교육이 이루어지고 있고 기술 혁신으로 발전을 도모하는 북한 사회의 특성상 사용 인구는 더 늘어날 것으로 예상된다. 강호제 소장은 북한의 광통신이 '리' 단위까지 구축되었으며, 최근에는 요금만 지불하면 개인의 집

* 게이트웨이(gateway)는 출입구라는 뜻으로, 네트워크로 이동하기 위해 거쳐야 하는 관문이다(용어로 보는 IT)

** 보통 MICS에서 다루는 항목은 우리가 알고 있는 인터넷이지만, 북한의 경우는 국가적 상황을 고려하여 국가망으로 변경하여 통계를 내고 있다.

까지 광통신망 연결이 가능하다는 이야기도 있다고 말했다.

이동 브로드밴드 구독률(mobile broadband subscriptions)은 휴대전화를 이용하여 인터넷에 접속하는 인구 비율을 말하는데, 현재 북한에서 휴대전화를 소유한 가정의 비율이 69%(MICS 보고서)인 상황에서* 일부만 휴대전화로 인터넷에 접속하는 것으로 알려진다.

한편 북한에서는 과학기술 관련 학술지를 발간하거나 전문가들끼리 교류하는 일이 극히 적은 상태인데, SCI**급 논문이 점점 늘어나고 있다. 2004~2014년에는 발표 논문이 98건에 불과했는데 2015년 한 해에만 58건이 발표되었을 정도다. 또 10년 전만 해도 북한의 유학생들은 해외연구에 참여하는 정도의 소극적 활동에 그쳤지만, 지금은 북한이 주도하거나 단독으로 진행하는 연구가 늘어나고 있다.*** 앞으로 과학기술 관련 학술 교류 및 공동 연구를 추진해보는 것도 좋을 것이다.

R&D 지출액도 조금씩 늘어나고 있는 것으로 보인다. GDP 대비 비중은 여전히 미미한 수준이지만, 지출이 없는 것이 아니다.**** 변학문 북한과학기술연구센터 연구위원은 북한의 R&D 지출 금액을 정확히 알 수는 없으나, 각 지역과 기업에서 기술 투자를 확대하고 있기 때문에 숫자적으로 '0'일 수 없다고 말한다. R&D 지출 금액이 포함되어 있는 과학기술 예산 비중도 김정일 정권과 김정은 정권을 거쳐 지속적으로 증가해왔다.

* 휴대전화 소유 가정 비율은 도시 80.4%, 농촌 50.6%로 격차가 있다(MICS 보고서).

** SCI(Science Citation Index)는 과학기술논문 색인지수를 말한다.

*** 동아사이언스, 2016. 9. 7.(http://dongascience.donga.com/news/view/13726)

**** 〈2018 SDSN 글로벌 보고서〉에서는 저소득국가의 경우 일괄적으로 0으로 처리했으며, 북한도 동일한 이유로 0으로 표기되었다.

김정일 집권기 국가 예산 및 과학기술 예산 증가율(지출계획 기준)

(단위: %)

구분	2003년	2004년	2005년	2006년	2007년	2008년	2009년	2010년	2011년
국가 예산	14.4	8.6	11.4	3.5	3.3	2.5	7.0	8.3	8.9
과학기술 예산	15.7	60.0	14.7	3.1	60.3	6.1	8.0	8.5	10.1

출처: 서울연구원, 북한 과학기술정책에 따른 평양시 변화와 남북 교류협력

김정은 집권기 국가 예산 및 과학기술 예산 증가율(지출계획 기준)

(단위: %)

구분	2012년	2013년	2014년	2015년	2016년	2017년
국가 예산	10.1	5.9	6.5	5.5	5.6	5.4
과학기술 예산	12.2	5.8	4.3	8.7	5.2	8.5

출처: 서울연구원, 북한 과학기술정책에 따른 평양시 변화와 남북 교류협력

새로운 남북협력모델을 찾아서

세계은행이 물류경쟁력을 평가하기 위해 2년마다 발표하는 물류성과지수와 인프라의 질 관련 지표에 북한이 누락되어 있어 2018년 보고서에도 해당 정보가 회색으로 표시되었다. 그만큼 인프라가 낙후되어 있다는 방증이다. 2018년 4월 1차 남북정상회담 때 문재인 대통령이 북한을 통해 백두산을 가보고 싶다고 하자 김정은 위원장이 교통이 불편해서 걱정스럽다고 말한 것에서도 알 수 있듯이 북한의 전반적인 인프라는 매우 열악한 상황이다.

현재의 산업·혁신·인프라 측면에서 봤을 때 남한의 기술과 자본, 북한의 노동력을 중심으로 한 남북협력담론의 대안 마련이 시급하다. 전문가들에 따르

북한의 산업·혁신·인프라 현황 요약

- 북한의 인터넷인 국제망은 외국인과 허가받은 소수에게만 허용되지만, 내부용인 국가망은 누구나 사용할 수 있음. 국가망 접속률은 1.4%에 불과함
- 최근 북한의 연구 저작물을 보면 국제 학술지에 기고한 SCI급 논문이 많아지고 있으며, 공동 연구에서 단독 연구로 전환되고 있음
- R&D 예산을 포함하는 과학기술 예산은 김정일, 김정은 정권을 거쳐 계속 증액되었음

→ 해법은

- 과학기술 분야의 학술 교류
- 과학기술을 바탕으로 새로운 남북협력담론 구축

면 북한은 지금까지 과학기술을 집중 육성시켜왔으며 몇몇 분야에서는 세계적 수준을 자랑하고 있다. 이러한 과학기술을 상업화하여 남한의 시장주의 경험을 결합, 전 세계에 보급하는 방안을 적극 고민할 필요가 있다. 또한 북한이 후발주자로서의 기회와 현재 진행 중인 4차 산업혁명을 성공적으로 활용할 수 있도록 제도적·기술적·인적 인프라 구축에 관심을 갖고 지원해야 한다. 이를 통해 남과 북이 혁신을 활용한 새로운 경제와 사회로 도약할 수 있는 기회를 만들어야 한다.

■ SDG14(해양생태계)

국가는 인간의 질서에 따라 나뉘지만, 자연의 질서는 그렇지 않다. 관리를 위해 땅과 바다의 경계를 나누긴 하지만 해양생태계는 따로 구분할 수 없다. 따라서 남북이 현재처럼 정해진 구역을 각각 관리하더라도 해양생태계에 대해서는 공동의 목표와 방법으로 지속가능발전목표를 추진하는 것이 중요하다.

SDG14(해양생태계)의 이행지표 현황

SDG14. 해양상태계 보호			
생물다양성에 중요한 보호해역 비율(mean area, protected in marine sites important to biodiversity, %)	5.1	●	••
해양건강성지수(OHI-생물다양성)(0-100)	90.6	○	→
해양건강성지수(OHI-수질)(0-100)	54.9	●	↓
해양건강성지수(OHI-어업)(0-100)	44.3	●	↓
배타적경제수역의 어장 황폐화 및 어족자원 고갈(fish stocks overexploited or collapsed by EEZ)(%)	28.4	○	••
저인망 어업포획량(fish caught by trawling)(%)	30.0	○	↓

출처: 2018 SDSN 글로벌 보고서. 저자 재구성

북한 해양건강성지수(OHI)

순위: 207위, 인덱스 점수: 51점

영세어업의 가능성	77	생물다양성	91
해안보존도	93	탄소저장량	NA
해수 상태(정화도)	55	식량 공급	39
연안경제	70	자연생산물	3
장소 이미지(경관)	81	관광 및 여가	0

출처: www.oceanhealthindex.org

아직까지 북한의 해양생태계에 대해서는 제대로 조사되거나 보고된 것이 없다. 그동안의 환경실태조사는 주로 육상생태계에 대해 이루어졌다. 북한의 습지를 조사한 일본의 기록도 1990년대의 것으로 자료가 너무 오래되었다. 최근에 동아시아-호주 이동경로 파트너십(EAAFP)과 한스자이델재단이 철새를 관찰하면서 습지를 조사하고 있으나 일부에 한할 뿐 전면적 조사는 아니다.

2018년 5월 발표된 해양건강성지수(Ocean Health Index, OHI) 순위에서 북한은 221개 국가 중 207위를 기록하여 저조한 성적을 보였다. 그러나 남정호 해양수산개발원 박사는 북한의 해양생태계가 전반적으로 매우 양호한 것으로 추정한다. 오랜 기간 관찰과 연구를 해온 그는 육상의 오염물질을 잘 차단하면 해양오염도가 그리 크지 않다고 말한다. 북한은 경제개발을 위한 자본이나 기술 투입 정도가 상대적으로 높지 않아 바다로 유입되는 오염물질이 해양생태계에 문제를 일으킬 만한 정도는 아니라는 것이다.

위기의 어족자원

북한은 1990년대에 갯벌매립사업을 추진했다가 고난의 행군 시기에 재정적 문제로 중단했다. 2010년대 들어 사업을 재개하여 2015~2016년에 일부 완료한 상태다. 그러나 산업단지 조성을 위한 기본 투자가 없어 매립된 갯벌이 공단부지로 활용되지 못하고 있다.

매립으로 갯벌이 줄어들면 철새가 이동할 때 중간 기착지로 활용할 수 있는 면적이 줄어들기 때문에 생태계에 영향을 미칠 수 있으나 아직은 걱정할 만한 정도는 아니라고 한다. 무분별한 매립이 되지 않도록 주의를 기울일 필요가 있다.

보호해역은 보호를 목적으로 법으로 지정한 구역이다. 북한의 해양 관리는 해군이 맡고 있으며, 당국이 통제권을 갖고 있기 때문에 특별한 경우가 아니면 따로 보호해역을 설정하지 않는다. 해군은 자체 어업활동을 통해 군부대 비용을 충당하고 있는데, 해군을 포함한 북한의 어업생산량은 약 20만 톤 정도로, 수치적으로 봤을 때 나쁘지 않은 편이다.

배타적 경제수역(Exclusive Economic Zone, EEZ)은 자국의 연안에서 200

해리 범위 안에 있는 모든 자원에 대한 독점적 권리를 인정하는 수역을 말하는데, 언론매체에서 중국의 어선들이 한국의 EEZ에 들어와 어류를 남획하다가 해양경찰에 발각되어 쫓겨나거나 충돌을 빚는 모습을 본 적이 있을 것이다.

EEZ의 어족자원은 엄격히 구분하기가 현실적으로 어려운데, 북한의 사정을 알기란 더욱 힘들다. 남정호 박사에 따르면 불법, 비보호 어획 등이 보고된 것은 공식적으로 100건 정도이지만, 보고되지 않은 건수가 약 2,000건 정도일 것으로 추정된다.

해양생태계를 위협하는 또 하나는 저인망어업 방식이다. 어획량을 끌어올리기 위해 손쉽게 사용하는 방법이지만 그물로 바닥까지 긁어모으기 때문에 산호와 심해생물 등에 심각한 피해를 주는 등 어족자원을 고갈시킬 수 있다. 일정한 규제가 필요하다.

연안을 보존하라

북한의 27개 경제개발구 중에서 16개가 연안 인근에 위치해 있다. 문재인 정부에서 추진하고 있는 한반도 신경제지도에서도 개발이 이루어지는 쪽은 모두 연안이다. 변화를 앞두고 있는 북한에서 산업단지가 조성되고 인구가 몰려들면 연안지역에서 유입되는 오염물질로 생태계가 훼손되는 등 환경에 가해지는 압력이 가중될 것이다. 보존의 측면에서 양식기술과 어선, 항만, 구조설비 등의 리모델링 및 현대화 방안을 위한 남북 간 협력이 필요하다.

남북 간 교류가 진전되기까지는 지역 조사나 역량 강화를 위한 교육훈련 등을 추진할 필요가 있다. 북한은 기술 개발과 지원, 역량 강화 등에 대해 깊은 관심을 보여왔으므로 얼마든지 성사 가능할 것이다.

북한의 경제개발특구

출처: 해럴드경제(2018. 6. 15.) http://news.naver.com/main/read.nhn?oid=016&aid=0001405778

한반도 신경제지도

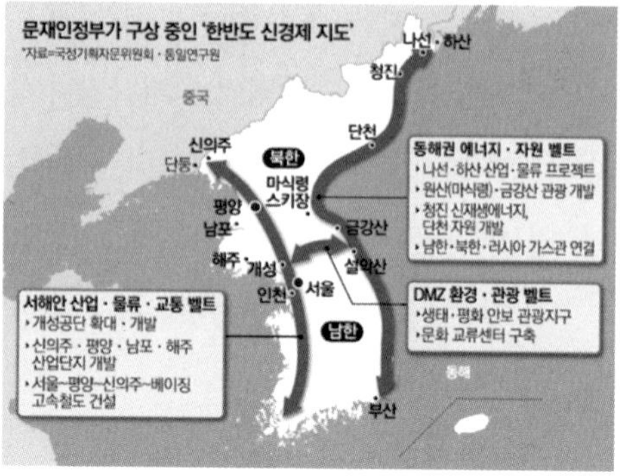

출처: 매일경제(2018. 4. 30.) http://news.mk.co.kr/newsRead.php?no=276276&year=2018

북한의 해양생태계 현황 요약

- 북한의 해양생태계 현황은 제대로 조사된 적이 없고, 철새의 이동경로 조사 과정에서 일부 습지에 대한 탐사가 이루어지고 있음
- 북한은 산업을 통한 경제개발이 활성화되지 않아 아직까지는 바다로 유입되는 오염물질이 해양생태계에 큰 문제가 되고 있지 않음
- 불법어획과 저인망 사용으로 EEZ 내 어족자원이 최적화되어 있지 않음

→ 해법은

- 해양생태계는 행정상의 구분은 가능하지만 생태계 자체를 분리할 수 없으므로 남북이 공동의 목표와 관리 방법을 수립하는 것이 중요함
- 연안지역 개발에 대비해 지속가능한 발전 방안 고민 필요
- 교류 진전 시 양식기술 전수, 항만 현대화 등의 사업 진행 가능
- 직접적 교류가 어려울 때는 지역 조사나 역량 강화를 위한 교육훈련 등 실시

주황색: 주의와 노력 필요

북한은 SDG8(경제성장·일자리), SDG11(지속가능한 도시), SDG15(육상 생태계)에서 주황색을 받았다. 각 목표의 세부 지표를 보면 잘하고 있는 부분도 있지만 부족한 부분이 더 많다. 여전히 많은 주의와 노력이 필요한 상태다.

■ SDG8(경제성장·일자리)

SDG8(경제성장·일자리)의 이행지표 현황

SDG8. 경제성장·일자리			
조정된 GDP 성장률(adjusted GDP growth rate)(%)	NA	●	••
노예점수(Slavery score)(0-100)	0.0	●	••
은행, 여타 금융기관, 또는 모바일 금융서비스에 계좌를 보유한 성인(15세 이상) 비율	NA	●	••
전체 노동력의 실업률(unemployment rate)(%, total labour force)	4.8	●	→

출처: 2018 SDSN 글로벌 보고서. 저자 재구성

북한의 경제 현황에 관한 정확한 지표는 국내외 기관에서 지속적으로 발표하는 추정치 외에는 파악할 길이 없다. 한국은행에 따르면 2017년 북한의 실질 국내총생산(GDP)은 전년 대비 3.5% 감소했으며, 이는 6.5% 감소율을 보인 1997년 이후 최저치다. 주요 원인은 2016년에 큰 폭으로 증가했던 광업, 제조업, 전기가스수도업 등이 감소했기 때문이다.*

* 한국은행, 2017년 북한 경제성장률 추정 결과, 2018. 8.

한국과 북한의 경제성장률 비교

출처: 한국은행, 2017년 북한 경제성장률 추정 결과

다음으로 노예점수는 세계노예지수(Global Slavery Index)에 기반한 수치로, 인신매매, 강제노동, 아동노동, 노동을 통한 부채상환, 강제결혼 등 사람들이 '현대판 노예' 상황에 처한 정도 및 정부의 대응 등급으로 점수를 매긴다. 북한은 167개국 가운데 노예인구 비율이 가장 높은 것으로 나타났다.*

세 번째 지표인 은행은 북한에서 별 의미를 갖지 못한다. 은행은 있지만 이를 이용하는 주민들은 거의 없기 때문이다. 조선중앙은행이 모든 금전적 집행을 통제하고 있으며, 중앙은행의 업무를 보완하기 위한 보조 은행들을 두고 있

* www.globalslaveryindex.org

다.[*] 원칙적으로 개인은 대출을 받을 수 없으며(기업만 가능), 저축을 하면 금액이 노출될 뿐 아니라 원하는 시점에 찾아 쓰기도 어렵기 때문에 개인이 은행을 이용하는 경우는 많지 않다. 그러면서 일명 '돈주'로 불리는 자본가들을 통한 비공식 사금융이 확산되고 있다.[**] 최근에는 북한에서 이러한 사금융을 공금융화하기 위한 노력들이 나타나고 있다. 2019년 4월 국내의 북한 전문 인터넷 매체 보도에 따르면 북한의 상업은행이 예금 유치를 유도하기 위해 10%의 이자를 보장하는 등의 고금리 전략을 취하고 있다. 그러나 아직까지는 은행의 시스템이 주민들의 신뢰를 회복하고 안정화될 때까지 그 추이를 지켜볼 필요가 있다[***].

전자금융서비스로는 2010년 처음 만들어진 전자결제카드 '나래' 외에 '전성', '금길', '선봉'과 같은 다양한 카드가 발행되고 있고, 휴대폰, 지하철, 주유, 통행료 우대 등 종류가 더 많아지고 있다. 다만 카드를 사용할 수 있는 지역이 평양에 집중되어 있고, 특권층을 타깃으로 하고 있기 때문에 충분히 활성화되어 있다고 말하기는 어렵다.[****]

북한은 당국에서 직장을 배치해주기 때문에 대부분 일자리를 가지고 있다. 고등학교 졸업 후 대학 진학, 입대, 취업 등으로 진로가 나뉘기 때문에 일부 전

* 한국수출입은행, 북한의 금융: 대외금융 담당(조선무역은행), 권력기관의 무역결제업무 전담(조선대성은행, 조선금강은행, 조선창광신용은행, 조선금성은행, 조선통일발전은행, 고려은행), 외국인 투자기업들을 위한 합영금융기관(조선합영은행, 고려상업은행, 화려은행, 조선제일신탁금융합영회사), 기타 금융기관(협동농장 신용부, 황금의 삼각주은행, 보험기관)

** 한국수출입은행, 북한의 금융(21~27쪽)

*** www.dailynk.com, '북한, 유휴자금 확보 주력?… 상업은행 10% 고금리 홍보', 2019. 4. 30

**** RFA, 북한에서 사용·개발 중인 전자카드 20여 종(www.rfa.org/korean/in_focus/news_indepth/ne-jn-03082018142311.html

북한의 전자결제카드

업주부를 제외하고는 모두 정해진 직장에서 일을 한다. 장마당의 성행과 함께 직장일 외에 투잡(two job)을 뛰거나 장사에 더 큰 비중을 두고 일하는 사람도 늘어나고 있다.

■ SDG11(지속가능한 도시)

SDG11(지속가능한 도시)의 이행지표 현황

SDG11. 지속가능한 도시			
도시 초미세먼지 농도(PM 2.5 in urban areas)(㎍/㎥)*	34.1	●	↓
상수도율(improved water source, piped)(%)	93.5	●	→
대중교통 만족도(Satisfaction with public transport)(%)	NA	●	••

출처: 2018 SDSN 글로벌 보고서. 저자 재구성

* PM 2.5는 입자의 크기가 2.5㎛보다 작은 미세먼지, 즉 초미세먼지를 가리킨다.

대한민국 전역이 고농도 미세먼지에 고통받았던 2018년 3월 25일*, 북한에서도 미세먼지 경보가 발령되었다. 조선중앙방송은 이날 "오늘 9시 평양지방의 미세먼지 일평균 농도는 ㎥당 144㎍으로서 일평균 대기환경 기준인 ㎥당 80㎍을 초과했다"고 보도하며 마스크 착용과 함께 소금물로 이 닦기 등 건강관리에 주의할 것을 당부했다.** 2019년 1월에도 외출 시 마스크 착용을 권고하는 내용을 방송으로 내보냈고, 2019년 3월에는 "서풍 기류를 타고 미세먼지가 흘러들어서 보임거리(가시거리)가 짧고 대기 질도 몹시 나빴다"는 보도와 함께 야외활동을 자제할 것을 권유했다.

미세먼지는 남북이 동시에 영향을 받고 있고 한반도 전체가 중국의 대기 영향권에 놓여 있기 때문에 협력이 절실한 사안이다. 김순태 아주대 환경안전공학과 교수는 국내의 미세먼지 유인 비율을 중국:한국:북한 = 4:4:2 정도로 분석한다. 해양생태계와 마찬가지로 대기권도 엄격히 구분하기가 어렵기 때문에 지역적 협력이 요구되는 것은 당연한 이치다. 그런데 2019년 4월 북한은 〈노동신문〉을 통해 평균강수량의 감소로 수력발전이 어려워지면서 석탄을 이용한 화력발전을 통해 전력 증산에 집중할 예정이라고 밝혔다. 북한의 전기 공급이 화력발전 중심으로 옮겨가면 더 많은 미세먼지와 대기오염이 발생할 수 있으므로 협력 조치가 시급한 상황이다.

상수도율은 이행지표에 93.5%라고 나와 있으나, 시스템이 갖춰져 있는 것과 실제로 작동하는 것은 별개의 문제다. LH토지주택연구원은 북한의 상수도 설치율을 약 88%, 실제가동률을 50% 이하로 추정한다. 탈북민들도 저수지

* 서울의 미세먼지는 ㎥당 99㎍, 경기도는 102㎍를 기록했다.

** 허프포스트(www.huffingtonpost.kr/entry/story_kr_5ab76598e4b054d118e3aefc).

북한의 지하철 노선도(평양)

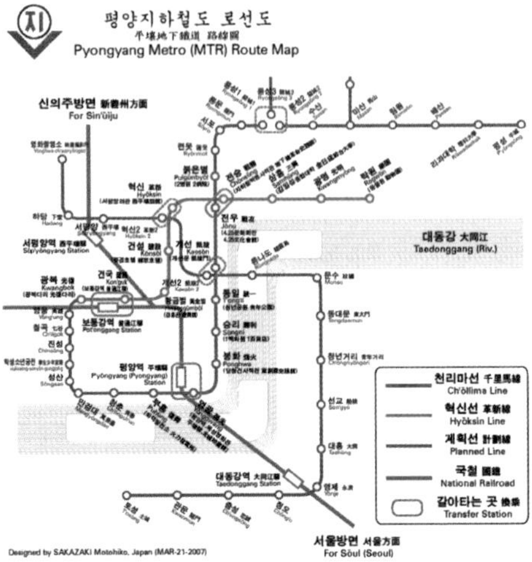

의 물이 상수도로 연결되었을 뿐 상수처리를 위한 정수시설이 모두 갖춰진 것은 아니라고 말한다. 물론 지역에 따라 편차가 있지만, 정수시설이 없어 수돗물도 불순물을 가라앉힌 후 사용하고 있다고 한다.

북한에서도 다양한 대중교통이 운영되고 있는데, 평양을 중심으로 지하철, 버스, 궤도전차, 무궤도전차, 택시, 수상버스(대동강) 등이 있다. 2016년 기준으로 지하철 3개 노선, 버스 36개 노선, 궤도전차 5개 노선, 무궤도전차 7개 노선, 수상버스 11개 노선이 있는 것으로 알려져 있다.* 그러나 대중교통 만족도와 같은 항목은 설문조사가 어려워 관련 정보를 수집하고 못하고 있다.

* 김선철, 키워드로 톺아본 2016년 북한의 교통, 동북아·북한교통물류웹진(3호)

■ SDG15(육상생태계)

SDG15(육상생태계)의 이행지표 현황

SDG15. 육상생태계			
생물다양성에 중요한 육지에서 보호되는 평균 면적(%)	10.2	●	→
생물다양성에 중요한 담수지역에서 보호되는 평균 면적(%)	0.0	●	→
멸종위기종 적색목록(Red List Index of species survival)(0-1)	0.9	●	→
산림 면적의 연간 변화(Annual change in forest area)(%)	3.7	●	••
수입된 생물다양성 영향(백만명 당 사라진 종)	NA	●	••

출처: 2018 SDSN 글로벌 보고서. 저자 재구성

북한은 면적의 대부분이 산지로 이루어져 있는데, 농경지 조성과 지속적인 벌목으로 산림 면적이 감소하고 있다. 180개국을 대상으로 산출한 산림훼손지수(Deforestration Index)에서 3위를 차지할 정도로 심각한 상황이다. 일례로 북중 접경지역의 일부 구간에서는 철조망이 없어도 중국과 북한이 한눈에 구분된다고 하는데, 풀과 나무가 있으면 중국, 민둥산은 북한으로 생각하면 된다고 한다.

산림 면적의 변화는 육상생태계와 생물다양성에도 큰 영향을 미친다. 산림이 파괴되면 산사태, 홍수 등의 자연재해에 취약해지는 것은 물론 서식하고 있는 동식물들에게도 심각한 피해를 주게 된다. 최근의 연구 결과를 보면 기후변화로 산림대와 식물의 분포지역이 변화하면서 153개 식물종이 멸종 위기에 놓였으며, 철새와 호랑이를 비롯한 161개 동물종 역시 멸종 위기를 맞고 있다.

2012 세계산림훼손지수

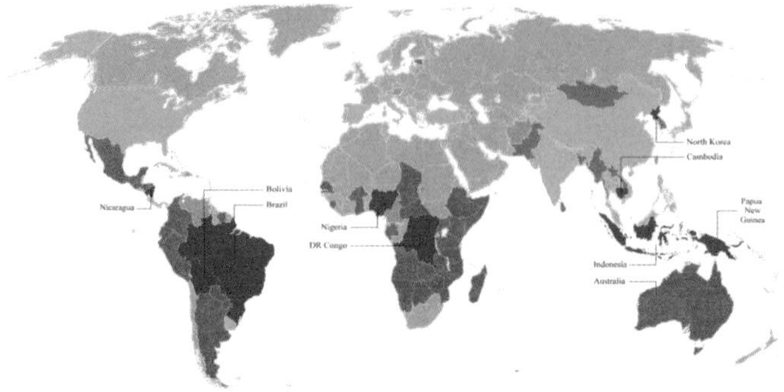

©Maplecroft, 2011

구분
위험도 심각
위험도 높음
위험도 중간
위험도 낮음
데이터 없음

순위	국가	등급
1	나이지리아	심각
2	인도네시아	심각
3	북한	심각
4	볼리비아	심각
5	파푸아뉴기니	심각
6	콩고민주공화국	심각
7	니카라과	심각
8	브라질	심각
9	캄보디아	심각
10	호주	높음

북한의 멸종위기 동물 및 식물 종의 수(2005)

구분	멸종직면	멸종위기	취약	위협	합계
식물	16	31	51	55	153
동물	2	8	46	105	161

출처: 명수정, 북한의 환경 현황, 2018

노란색: 아쉬운 진전

심각한 상태는 아니지만 방심해서는 안 되는 등급이 노란색이다. 북한은 SDG4(교육), SDG5(양성평등), SDG6(물·위생)에서 노란색을 받았는데, 빨간색이나 주황색 등급을 받은 SDG 목표들보다는 덜 심각하지만 더 많은 노력이 필요한 상황이다.

SDG4(교육)

SDG4(교육)의 이행지표 현황

SDG4. 교육			
순초등학교 등록률(Net primary school enrolment rate)(%)	94.1	●	••
평균 교육기간(Mean years of schooling)(년)	NA	●	••
15~24세의 남녀 식자율(literacy rate)(%)	100	●	••

출처: 2018 SDSN 글로벌 보고서. 저자 재구성

북한은 2014년 이후 '전반적 12년제 의무교육'을 시행하고 있다. 의무교육은 유치원 1년, 소학교 5년, 초급중학교 3년, 고급중학교 3년을 포함한다. 그 덕분에 문맹률이 낮다.

이론적으로 초등학교 등록률은 100%, 평균 교육기간은 12년 이상이어야 하지만 현실은 조금 다르다. 경제난이 심각해지면서 학교의 운영자금이 조달되지 않자 초등학교부터 대학교까지 개인이 부담하는 교육비가 늘어나면서 교내 격차가 늘어나고 있다. 1990년 말까지는 생계의 어려움으로 학교를 그만두는 아이들이 있었던 데 비해 2000년대 이후로는 학교에서 요구하는 여러 가지 명목의 잡부금 때문에 학업 중단 및 포기 사례가 늘어나고 있다. 최근에는 출석률이 많이 회복되는 추세라고 하는데, 농촌지역에서는 결석률이 여전히 높은 상태다.*

북한의 학제

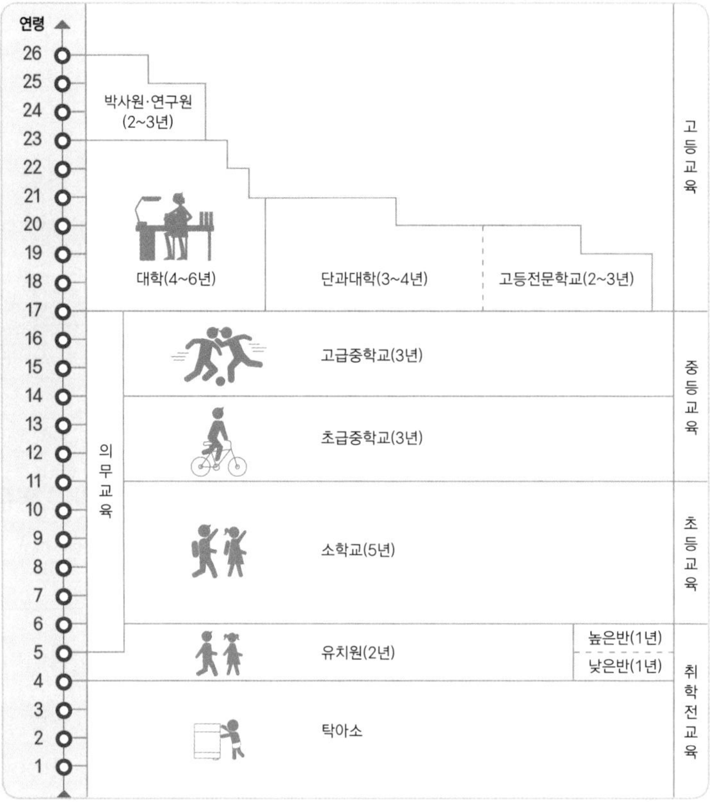

출처: 통일부, 2018 북한 이해

* 김면, 체제전환국의 경험과 북한 교육개혁 방안(263~264쪽), 2012

SDG5(양성평등)

SDG5(양성평등)의 이행지표 현황

SDG5. 양성평등			
피임도구 수요 불충족률(기혼 혹은 동거 중인 15~49세 여성 비율)(unmet demand for contraceptive)(%)	9.6	●	→
25세 이상 여성의 남성 대비 평균 교육연수 비율(ratio, male)	NA	●	••
여성 노동참가율(female labor force participation)(%, male)	85.6	●	→
의회 내 여성의원 비중(%)	16.3	●	→

출처: 2018 SDSN 글로벌 보고서, 저자 재구성

북한은 1946년 7월 30일, '북조선 남녀평등권에 대한 법령'을 제정하여 정치, 경제, 문화 생활을 포함한 모든 영역에서 여성과 남성이 동등한 권리를 가진다고 명시했다.* 북한의 양성평등 수준은 수치상으로 볼 때 높은 편에 속한다. 그러나 탈북자들에 따르면 실제 북한 여성들의 인권 및 사회적 지위는 법령에 명시한 것과는 큰 차이를 보인다.

북한은 고난의 행군 이후 생계를 위한 여성들의 사회활동 참여가 급증했지만, 가부장적 의식과 양식은 아직도 팽배하다. 유엔개발계획(UNDP)에서 발간하는 〈2018 인간개발지수통계(Human Development Indices and Indicators)〉 보고서에 따르면 남한 여성의 경제활동참가율(2017년 기준)이 52.2%일 때 북한은 74.4%를 나타냈다. 북한의 여성들이 경제활동에 보다 적극적으로 참여하고 있는 것이다. 그런데도 〈2018 SDSN 글로벌 보고서〉를 보면 북한최고인민회의의 여성 비율은 매주 낮은 수준이다. 2014년 3

* KBS 월드라디오, '북한신문, 남녀평등법 공포일에 여성의 적극 역할 강조', 2018. 7. 30.

월 선거 기준으로 총 687석 중 여성이 112석(16.3%)을 차지하여 전체 193개국 중 123위(2018년 11월 기준)를 기록했다.*

■ SDG6(물·위생)

SDG6(물·위생)의 이행지표 현황

SDG6. 깨끗한 물·위생			
(고소득국가) 안전하게 관리된 물을 사용하는 인구 비율(%)	NA	●	••
(기타 국가) 최소한의 기본 식수서비스를 받는 인구 비율(%)	99.6	●	➡
(고소득국가) 안전하게 관리되는 위생서비스를 사용하는 인구 비율(%)	NA	●	••
(기타 국가) 최소한의 위생서비스를 사용하는 인구 비율(%)	77.1	●	➡
취수율(freshwater withdrawal)(%)	15.9	●	••
수입 지하수 감소(m^3/연/인당) (Imported groundwater depletion)	NA	●	••

출처: 2018 SDSN 글로벌 보고서, 저자 재구성

식수위생의 지표는 두 단계로 나뉘는데, 최소한의 기준과 개선된 기준에 대한 지표가 각각 존재한다. OECD 및 고소득국가들에 대해서는 개선된 기준이 요구되며, 다른 국가들에 대해서는 최소한의 기준에 근거하여 현황을 파악한다. 여기서 최소한의 기본 식수서비스란 왕복 이동 및 대기 시간을 포함해 30분 안에 식수를 구할 수 있는 것을 말하며, 최소한의 위생서비스는 다른 가정과 위생시설을 공유하지 않는 것을 뜻한다.

UNICEF에서 발간한 〈2018 북한의 필요와 우선순위〉에서는 북한 인구

* 국제의원연맹 홈페이지(http://archive.ipu.org/wmn-e/classif.htm)

의 약 23%(570만 명)만 기본적인 위생시설을 사용하고 있다고 밝혔다. 나머지 주민들은 상수도, 화장실, 세면대와 같은 위생시설이 갖춰지지 않아서 공용 수도와 화장실을 이용하고 있다. 이마저도 대부분이 재래식이어서 위생적 관리가 어려운 형편이다.

초록색: 완벽한 성공일까?

■ SDG13(기후변화)

SDG13(기후변화)의 이행지표 현황

SDG13. 기후변화			
에너지 기인 이산화탄소 배출(tCO_2/capita)	1.6	●	↑
기술 조정된(technology-adjusted) 수입 이산화탄소 배출(tCO_2/capita)	-0.1	●	••
기후변화 취약성지표(Climate Change Vulnerability Index)	NA	●	••
화석연료 수출에 기반한 탄소배출량(kg/capita)	NA	●	••

출처: 2018 SDSN 글로벌 보고서, 저자 재구성

남북을 통틀어 북한이 유일하게 초록색을 받은 지표가 있다. 바로 SDG13(기후변화)이다. 여기에는 감추어진 함수가 있다. 북한의 초록색은 환경적 지속가능성이 뛰어난 유럽과 견주어 손색이 없다는 뜻이 아니라, 단지 다른 국가들보다 환경에 유해한 일들을 덜하고 있어 얻은 성적이라는 것이다. SDG13의 이행지표들은 탄소배출량과 직결되는데, 일반적으로 산업화가 덜 진전되어 탄소배출량이 적은 국가들이 초록색을 받을 확률이 높다. 그래서 저소득국가들은 대체로 초록색으로 표시된다.

북한은 SDG13의 4개 이행지표 가운데 2개 지표에 대해 평가를 받아 색깔을 정하는 데 필요한 최소 정보량인 50%를 넘김으로써 초록색으로 표시될 수 있었다. 그러나 중국에 대한 무연탄 수출이 무역의 큰 비중을 차지하는 북한의 현실을 고려할 때 평가되지 않은 다른 두 지표(기후변화 취약성, 화석연료 수출에 기반한 탄소배출량)에 대한 값이 나타났을 때에도 지금처럼 초록색을 유지할지는 미지수다.

회색: 감추고 싶은 북한의 민낯?

대시보드에서 회색은 평가 보류를 의미한다. 북한은 SDG10(불평등 완화), SDG12(지속가능 소비·생산), SDG16(평화·정의·제도), SDG17(파트너십)에서 회색으로 표시되었다. 각 목표에 해당하는 이행지표의 50%만 있으면 되는데, 그마저도 달성하지 못했다는 뜻이다. 그러나 회색을 받은 목표들은 그 나름대로 북한의 모습을 보여준다고 할 수 있다.

소비와 생산에서 민감할 수 있는 부분, 불평등과 관련된 부분, 제도 관련 정보 공개에 대한 거부감, 파트너십이 없는 소외된 부분 등을 고려할 때 회색은 많은 함축적 의미를 지니고 있다. 감추고 싶은, 그래서 정보 공개를 꺼리는 부분은 현재 북한의 약점일 수 있고, 민낯일 수도 있다.

지금까지 〈2018 SDSN 글로벌 보고서〉에 포함된 북한의 지표들을 살펴보았다. 하지만 이것만으로는 북한의 지속가능발전을 진단하기에 조심스럽다. 정확한 현황을 파악할 수 없기 때문이다. 북한이 보고서의 인덱스에 포함되지 않은 것도 결국 유의미한 판단을 내리기 어려울 만큼 자료가 부족했기 때문이다.

〈2018 SDSN 글로벌 보고서〉는 국제사회에서 공인된 정보만 활용한다. 남

SDG10, SDG12, SDG16, SDG17의 이행지표 현황

SDG10. 불평등 완화			
지니계수(0-100)(Gini Coefficient adjust for top income)	NA	●	••
SDG12. 지속가능 소비·생산			
일반 고형폐기물(kg/day/capita)	NA	●	••
전자폐기물(kg/capita)	NA	●	••
폐수 처리(%)	0.0	●	••
생산 기반 SO_2 배출(kg/capita)	NA	●	••
순수입 SO_2 배출(kg/capita)	-4.1	●	••
반응성 질소 생성 발자국(kg/capita)	3.3	●	••
수입된 반응성 질소 순배출(kg/capita)	NA	●	••
SDG16. 평화·정의·제도			
살인사건(10만명당)	4.4	●	••
수감 인구(10만명당)	NA	●	••
안전한 야간 보행(%)	NA	●	••
정부 효율성(1-7)	NA	●	••
재산권(1-7)	NA	●	••
출생 신고율(Registered birth)(%)	100	●	••
부패체감지수(0-100)	17	●	→
5~14세 사이의 아동 노동(%)	NA	●	••
주요 현대식 무기 수출(1990년 고정 미화, 10만명당 100만달러)	0.0	●	••
SDG17. 파트너십			
보건 및 교육 지출(GDP 대비 %)	NA	●	••
고소득국가 및 모든 OECD DAC국가 대상: 공적 개발 원조를 포함한 국제 양허성 예산(GNI 대비 %)	NA	●	••
모든 국가 대상: 조세 수입(GDP 대비 %)	NA	●	••
조세피난점수(최고 0-5 최악)	NA	●	••

출처: 2018 SDSN 글로벌 보고서, 저자 재구성

북의 특수관계 속에서 얻게 된 자료나 데이터가 있더라도 공신력 있는 국제기관의 발표 등을 통해 국제적 인증을 거치기 전에는 〈SDSN 글로벌 보고서〉에 반영될 수 없다. 또한 보고서는 지표들이 전 세계에 공통적으로 적용되어

야 하기 때문에 북한 특유의 현실을 세부적으로 반영하기 어려운 측면이 있다. 양수길 SDSN코리아 회장은 북한의 지표가 글로벌 보고서에 반영될 수 있도록 노력하되, 반영되지 않더라도 보유한 정보를 대입해서 시사점을 도출해내는 것이 북한의 상황을 파악하여 협력의 기틀을 닦는 방법이라고 말한다.

현재 북한과 관련하여 공개된 자료의 범위나 수준은 매우 제한적이다. 심지어 우리 정부조차 갖고 있는 통계자료와 정보를 공개하지 않고 있다. 어떤 자료가 어느 정도 있고 어떻게 정리되어 있는지 알 수 없다. 남북관계의 폐쇄성 때문에 민간이나 비정부 기관에서 개별적으로 자료를 모으기도 쉽지 않다. 그렇다 보니 민간에서 아무리 네트워크를 형성하고 파트너십을 활용하여 최대한 많은 정보를 공유하려고 해도 분명한 한계가 있다.

특수한 남북관계의 현실을 고려한다고 해도 민감하지 않은 정보는 정부 차원에서 적극 공개할 필요가 있다. 더 효율적이고 다각적인 남북협력의 전진을 위해서 말이다.

아리송한 북한을 읽는 법

많은 이들의 눈에 북한은 아리송한 국가로 비친다. 종잡을 수 없는 모호함이 북한의 정체성으로 여겨지기도 한다. 하지만 분단된 한민족으로, 이웃으로, 지역공동체이자 국제사회의 일원으로 함께하기 위해서는 북한이 누구인지, 어떤 특징이 있는지를 공부하고 이해할 필요가 있다.

그런 차원에서 지금까지 인덱스와 대시보드, 트렌드를 통해 분석한 내용은 북한에 대한 시사점을 도출하는 데 일정한 한계를 지닌다. 무엇을 기준으로 어떤 프레임을 통해 해석해야 할지가 불분명하기 때문이다. 그래서 이 장에서는 북한을 동북아시아국가, 저소득국가, 전환경제국가, 취약분쟁국가의 틀로 들여다보고 비슷한 성향을 가진 국가들과 비교하여 북한의 정체성과 특징을 도출하고자 한다.

동북아시아국가들과의 비교: OECD 가입국과 비가입국의 차이

동북아시아국가로 표현했으나, 실제로는 북한과 국경을 공유하는 접경지역이라는 표현이 더 정확할 것 같다. 한국과 중국뿐만 아니라 영해로 연결된 일본, 그리고 두만강지역 일부를 접하고 있는 러시아까지 모든 국가가 북한과 국경을 맞대고 있다. 동북아시아국가들은 이렇게 서로에게 직접적 영향을 미치며 긴밀히 협력해야 할 부분이 많은 관계에 놓여 있다.

한·중·일·러 네 나라는 대시보드상에서 양호한 모습으로 나타난다. 회색을 받은 목표가 하나도 없고, 빨간색 지표는 3~5개 정도다. 주황색과 노란색이 고르게 퍼져 있고 간간히 초록색도 눈에 띈다.

동북아 4개국의 지표들을 비교해보면 SDG11~17에 대한 성과는 비슷하지만, 앞의 목표들을 순서대로 살펴보면 한국과 일본, 중국과 러시아 사이에 경계선이 그어진다. 의아한 부분은 빈곤 종식을 목표로 하는 SDG1에서 한국과 일

동북아지역

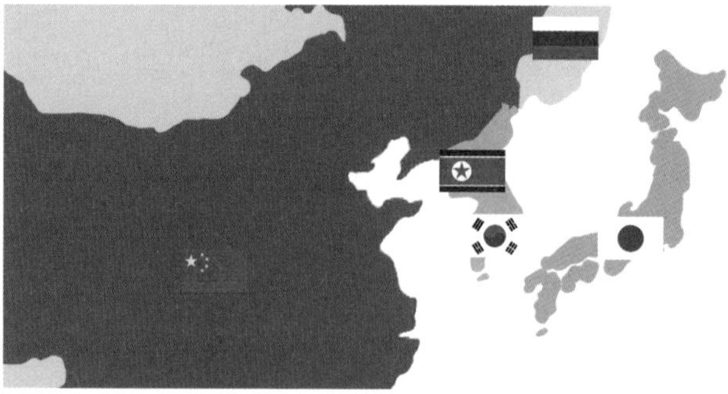

한·중·일·러와 북한의 대시보드 비교

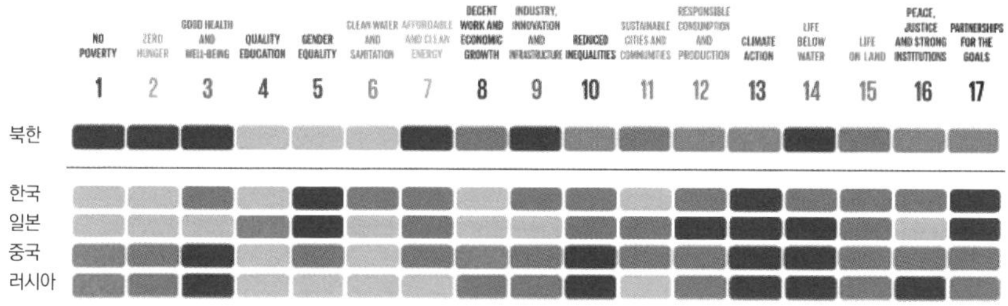

출처: SDSN 글로벌 보고서, 저자 재구성

동북아 4개국과 북한의 SDG1 이행 수준 비교

SDG1. 빈곤 종식 이행지표	한국	일본	중국	러시아	북한
전체 인구에서 하루 $1.90 아래에 있는 인구 비율(%)	0.5 ●	0.5 ●	0.4 ●	0.0 ●	40.1 ●
2030년 예상되는 전체 인구에서 하루 $1.90 아래에 있는 인구 비율(%)	0.5 ●	0.5 ●	0.1 ●	0.0 ●	31.2 ●
세후소득이 빈곤선인 중간소득의 50% 아래에 있는 인구 비율(%)	13.8 ●	16.1 ●	NA(OECD 지표)		

출처: SDSN 글로벌 보고서, 저자 재구성

본은 노란색, 중국과 러시아는 초록색으로 표시되어 있는 것이다. 이는 한국과 일본이 OECD에 속해 있어 지역적 분류에 포함되지 않고 별도의 대시보드를 구성하기 때문이다.

SDG1(빈곤)은 SDGs의 17개 목표 가운데 가장 적은 이행지표를 가지고 있다. 전체 적용 지표가 2개, OECD국가들에 대한 추가 지표가 1개 있는데, 전체 적용 지표는 하루 1.9달러를 기준으로 절대적 빈곤을 나타낸다. 북한을 제외한 동북아 4개국 모두 초록색을 달성했다.

한국과 일본에 적용된 '세후소득이 빈곤선인 중간소득의 50% 아래에 있는 인구 비율'은 상대적 빈곤을 나타내는 것으로, 세금공제 후 개개인에게 돌아가는 실제 소득을 기준으로 삼는다. 비율이 높을수록 소득불균형이 심하다는 의미인데, 우리나라는 2015년 기준으로 13.8%를 기록하여 30개 국가 중 12번째로 높은 순위를 차지했다. 우리나라와 일본 모두 상대적 빈곤지표에서 노란색을 받았기 때문에 최하위 지표 2개(초록색과 노란색)를 고려해 노란색으로 표시된 것이다.

동북아 4개국과 북한의 상태 비교는 시사하는 바가 크다. 북한의 대시보드 성적이 SDG3(건강·복지), SDG4(교육), SDG6(물·위생), SDG8(경제성

OECD국가와 한국의 빈곤율

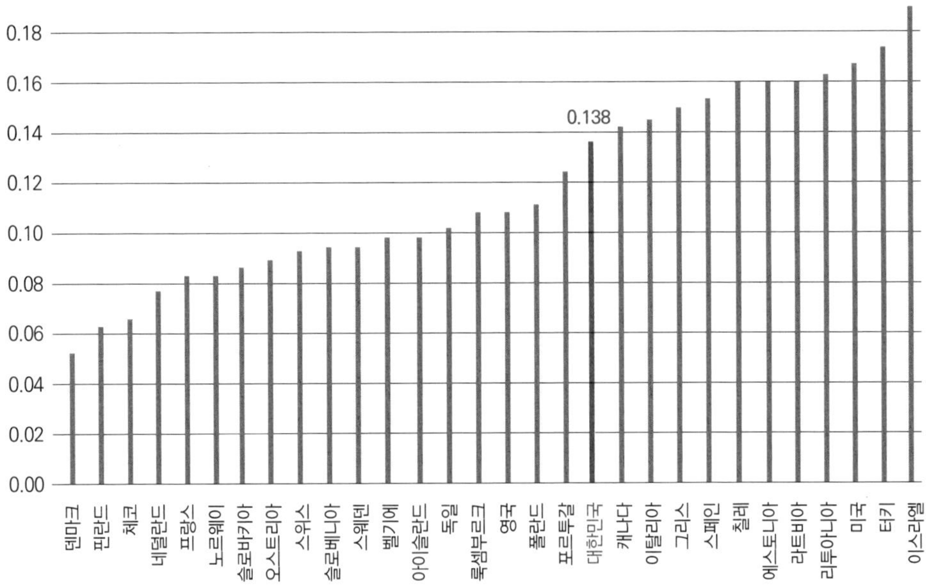

출처: OECD 홈페이지(https://data.oecd.org/inequality/poverty-rate.htm#indicator-char)

동북아 4개국과 북한의 SDG1~3 이행 수준 비교

SDG1. 빈곤 종식 이행지표	한국	일본	중국	러시아	북한
전체 인구에서 하루 $1.90 아래에 있는 인구 비율(%)	0.5 ●	0.5 ●	0.4 ●	0.0 ●	40.1 ●
2030년 예상되는 전체 인구에서 하루 $1.90 아래에 있는 인구 비율(%)	0.5 ●	0.5 ●	0.1 ●	0.0 ●	31.2 ●
세후소득이 빈곤선인 중간소득의 50% 아래에 있는 인구 비율(%)	13.8 ●	16.1 ●	N/A (추가 지표)		
SDG2. 기아 종식 이행지표	**한국**	**일본**	**중국**	**러시아**	**북한**
영양부족률(%)	2.5 ●	2.5 ●	9.6 ●	2.5 ●	40.8 ●
5세 미만 발육부진율(%)	2.5 ●	7.1 ●	9.4 ●	NA ●	27.9 ●
5세 미만 영양실조율(%)	0.9 ●	2.3 ●	2.3 ●	NA ●	4.0 ●
성인 비만율(%)(BMI ≥ 30)	4.7 ●	4.3 ●	6.2 ●	23.1 ●	6.8 ●
곡물산출량(t/ha)	6.8 ●	5.0 ●	6.0 ●	2.7 ●	4.1 ●
지속가능한 질소관리지수(0-1)	0.6 ●	0.7 ●	0.8 ●	0.7 ●	NA ●
SDG3. 보건 증진 이행지표	**한국**	**일본**	**중국**	**러시아**	**북한**
모성사망률(10만명당)	11 ●	5 ●	27 ●	25 ●	82 ●
신생아사망률(천명당)	1.5 ●	0.9 ●	5.1 ●	3.4 ●	10.7 ●
5세 미만 사망률(천명당)	3.4 ●	2.7 ●	9.9 ●	7.7 ●	20 ●
결핵발병률(10만명당)	77 ●	16 ●	64 ●	66 ●	513 ●
HIV유병률(천명당)	0 ●	0 ●	0 ●	0.2 ●	0 ●
30~70세 사이의 연령 표준화된 심혈관질환, 암, 당뇨병 및 만성호흡기질환으로 인한 연령 표준화된 사망률(10만명당)	8.3 ●	8.8 ●	18.1 ●	29.3 ●	26.5 ●
가정용 대기 오염 및 대기오염으로 인한 연령 표준화 사망률(10만명당)	16.5 ●	8.7 ●	169.4 ●	69 ●	261.8 ●
교통사고 사망률(10만명당)	12 ●	4.7 ●	19.4 ●	17.4 ●	20.7 ●
출산 시 건강기대수명(년)	82.3 ●	83.7 ●	76.1 ●	70.5 ●	70.6 ●
청소년 출산율(15~19세 사이의 여성청소년 천명당)	1.7 ●	4.2 ●	6.5 ●	22.5 ●	0.3 ●
숙련된 의료 전문인이 참석한 출산율	100 ●	99.8 ●	99.9 ●	99.7 ●	100 ●
영아 예방접종률(%)	98 ●	96 ●	99 ●	97 ●	96 ●
보편적 건강보장 추적지표(0-100)	81.6 ●	83.3 ●	70 ●	63.1 ●	56.6 ●
주관적 웰빙(0-10)	5.9 ●	5.9 ●	5.1 ●	5.6 ●	NA ●
지역간 출생 시 기대수명의 차이(연)	2.4 ●	0.9 ●	NA (OECD 국가 추가지표)		
소득분위별 자가평가 건강 수준(self-reported health) 차이(0-100)	11.9 ●	11.4 ●			
흡연자(Daily smokers)(15세 이상 인구 비율, %)	17.3 ●	18.2 ●			

출처: 2018 SDSN 글로벌 보고서. 저자 재구성

장·일자리), SDG11(지속가능한 도시), SDG14(해양생태계), SDG15(육상생태계)에서는 접경 국가들의 평균치 정도이지만, SDG1(빈곤), SDG2(기아) SDG7(에너지), SDG9(산업·혁신·인프라)에서는 확연히 떨어진다.

빈곤 및 기아와 관련된 지표에서 북한은 한·중·일·러와 비교했을 때 빨간색을 받은 절대빈곤과 영양부족, 5세 미만 아동의 발육부진율에서 큰 차이를 보인다. 세부 보건지표의 모성사망률, 결핵발병률에서도 4개국과 현격한 차이를 드러낸다. 신생아 사망률과 5세 미만 아동사망률에 대한 지표는 북한을 포함한 5개국 모두 초록색을 받았으나, 실제 수치를 확인해보면 상대적 격차가 나타난다.

각종 질환의 연령 표준화 사망률, 대기오염으로 인한 연령 표준화 사망률, 교통사고 사망률 등의 지표는 한국, 일본과 등급 자체가 다르고 중국, 러시아와는 수치상으로 비슷한 분포를 보인다. 초록색을 받은 일부 지표(HIV유병률, 출산시 기대수명, 청소년 출산율, 영아 예방접종률)는 5개국 모두 비슷한 수준을 보여준다.

예시 차원에서 SDG1~3의 이행지표를 살펴보았는데, 이 같은 방법을 활용하여 관심 있는 다른 목표들도 직접 비교, 분석해보기를 권한다. 더 큰 흥미와 사사점을 발견할 수 있을 것이다.

저소득국가들과의 비교: 일부 목표에서의 상대적 우위

세계은행의 기준에 따라 저소득국가로 분류되는 국가들(Low Income Countries)과 북한의 SDG 지표를 비교해보자. 사실 북한의 경제 상황을 지표로 나타내기는 조심스럽다. 북한이 부분적으로 공개하는 정보들은 근거가 부족하고, 외부에서 예측한 결과들도 지극히 제한적인 정보를 바탕으로 분석한 추정치이기 때문이다.

한국은행은 2018년 7월, '2017년 북한 경제성장률 추정 결과'를 발표하면서 2017년 경제성장률은 -3.5%, 1인당 국민총소득(GNI)은 약 1,285달러(146만 4,000원)로 추정했다. 이는 극심한 가뭄과 강화된 대북제재로 1997년(-6.5%) 이후 20년 만에 최악의 경제성장률을 기록한 것이다. 이 같은 발표를 의식해서인지 북한은 2018년 10월, 관련 경제지표를 외부에 공개했다. 사회과학원 경제연구소의 리기성 교수는 일본 교도통신과의 인터뷰에서 2017년 북한의 경제성장률이 3.7%였으며, 국내총생산량(GDP)은 307억 달러(약 34조 7,000억 원)라고 밝혔다.* 리 교수는 국제사회의 제재로 경기가 침체되었다는 발언을 의식한 듯 북한이 다른 국가들에 의존하지 않고도 경제를 성장시켰다는 점을 강조했다.

하지만 국내외 전문가들은 북한의 주장이 부풀려졌을 가능성을 제기하며, 소비지출, 투자, 인플레이션(물가상승률) 등의 지표 없이 정확한 수치를 파악하는 것은 불가능하다는 의견을 내놓았다.** 한국은행이 발표한 -3.5%와 북한이 공표한 3.7%의 격차는 확연하지만, 어느 쪽이 정확하다고 말하기에는 어려운 점이 있다.

그렇지만 일반적으로는 국제사회에서 통용되는 기준을 근거로 북한의 경제 수준을 진단한다. 세계은행은 1인당 국민소득으로 국가의 경제 수준을 분류하는데, 2018년 7월 기준은 다음과 같다.

* 리기성 교수는 북한의 GDP가 2016년 296억 달러(약 33조 5,000억 원), 2017년 307억 달러(약 34조 7,000억 원)이고, 인구는 2016년 2,515만 9,000명, 2017년 2,528만 7,000명이라고 말했다.

** 뉴스핌, 美 전문가 '北 경제성장률 3.7% 주장, 진위 여부 검증할 수 없어', 2018. 10. 17.

- 1인당 국민소득 995 달러 이하: 저소득국가
- 1인당 국민소득 996~3,855 달러: 저중위소득국가
- 1인당 국민소득 3,856~1만 2,055달러: 상중위소득국가
- 1인당 국민소득 1만 2,056 달러 이상: 고소득국가

한국은 1인당 국민소득 28,380달러로*, OECD 평균인 37,273달러에는 미치지 못하지만 고소득국가에 속한다. 앞서 설명한 것처럼 북한은 경제지표에 대한 정확한 정보가 없으나, 세계은행은 북한을 1인당 국민소득 995달러 이하인 저소득국가로 분류한다. 저소득국가에는 동아시아와 태평양 1개국(북한), 동유럽과 중앙아시아 2개국(아프가니스탄, 타지키스탄), 중남미와 카리브해 1개국(아이티), 중동과 북아프리카 2개국(시리아, 예멘), 사하라 이남 아프리카 27개국(감비아, 기니, 기니비사우, 남수단, 니제르, 르완다, 라이베리아, 마다가스카르, 말라위, 말리, 모잠비크, 베냉, 부룬디, 부르키나파소, 세네갈, 소말리아, 시에라리온, 에리트레아, 에티오피아, 우간다, 중앙아프리카공화국, 짐바브웨, 차드, 코모로, 콩고민주공화국, 탄자니아, 토고)을 포함한 총 33개국이 있다.**

저소득국가들은 북한과 마찬가지로 SDG1(빈곤), SDG2(기아), SDG3(건강·복지), SDG7(에너지), SDG9(산업·혁신·인프라), SDG14(해양생태계)에서 취약성을 드러냈다. 특히 SDG3(건강·복지)과 SDG9(산업·혁신·인프라)에

* 세계은행 2017년 자료

** 지역을 나누는 기준은 기관마다 조금씩 다르다. 혼란을 최소화하기 위해 여기에서는 UN SDSN에서 제시한 기준으로 지역을 구분했다.

저소득국가 33개국의 대시보드 비교

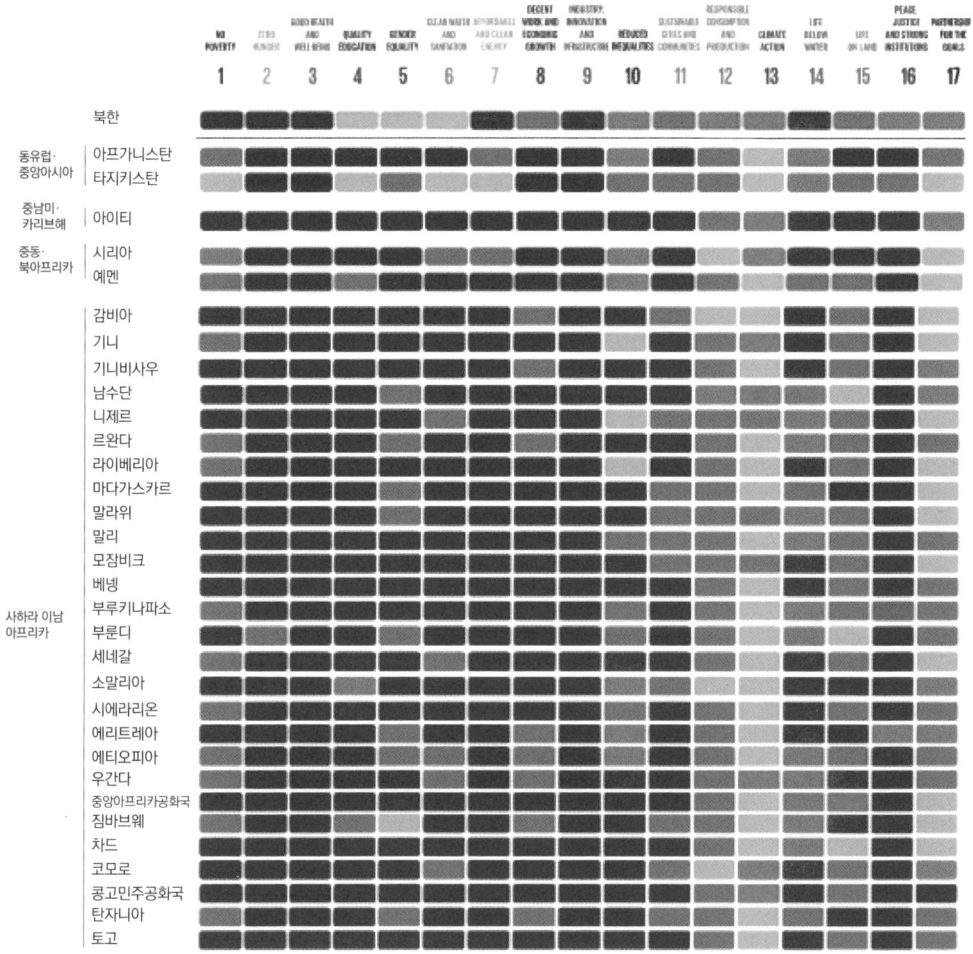

출처: SDSN 글로벌 보고서. 저자 재구성

서 33개국 모두 빨간색을 받았는데, 다소 충격적이다.

북한이 주황색을 받은 SDG8(경제성장·일자리), SDG11(지속가능한 도시), SDG15(육상생태계)는 저소득국가들의 평균 수준이며, 다른 저소득국가들에 비해 SDG4(교육), SDG5(양성평등), SDG6(물·위생)에서는 북한이 안정적 성과를 보였다.

SDG13(기후변화)에서는 저소득국가들이 공통적으로 좋은 성적을 거두었다. 에너지 기인 탄소배출량이나 수입 탄소배출량(기술 조정)이 양호한 상태를 보였고, 화석연료 수출에 기반한 탄소배출량 역시 모잠비크와 콩고민주공화국을 제외하고는 좋은 평가를 받았다.

북한과 마찬가지로 SDG10(불평등 완화)에서 회색을 나타낸 아프가니스탄, 시리아, 예멘, 소말리아, 에리트레아, 에티오피아, 그리고 SDG17(파트너십)이 회색인 아이티, 기니비사우, 남수단, 소말리아, 에리트레아, 코모로는 뒤에서 설명할 취약분쟁국에도 속하는 국가들이다. SDG10(불평등 완화)의 이행지표를 보면 대체로 빨간 등급의 국가들이 많은데, 저소득국가의 경제적 지속가능성이 빈약하다는 것을 보여준다. 그러나 SDG17(파트너십)에서 33개국의 평균을 보면 초록색은 아니지만 대부분이 노란색을 받을 정도로 양호한 편이다. 따라서 파트너십의 부재가 경제문제의 원인이라기보다는 국가적 취약성에 기인한 것으로 볼 수 있다.

저소득국가들 가운데 북한처럼 SDG12(지속가능 소비·생산)와 SDG16(평화·정의·제도)에서 회색을 받은 국가는 많지 않다. 정보가 없어 정확한 판단은 어려우나 책임 있는 소비 및 생산 그리고 거버넌스 측면에서 북한의 상황이 열악함을 짐작할 수 있다.

저소득국가 33개국과 북한의 SDG13 이행 수준 비교

SDG13. 기후행동 이행지표	에너지 기인 탄소배출량 (tCO_2/capita)	기술 조정된 수입 탄소배출량 (tCO_2/capita)	기후변화 취약성	화석연료 수출에 기반한 탄소배출량 (kg/capita)
북한	0.6 ●	-0.1 ●	NA ●	NA ●
아프가니스탄	0.3 ●	0.1 ●	0.1 ●	NA ●
타지키스탄	0.6 ●	0.3 ●	0.2 ●	NA ●
아이티	0.3 ●	0.1 ●	0.1 ●	0.0 ●
시리아	1.6 ●	-0.5 ●	0.1 ●	NA ●
예멘	0.9 ●	-0.1 ●	0.0 ●	204.3 ●
감비아	0.3 ●	0.2 ●	0.2 ●	0.0 ●
기니	0.2 ●	0.0 ●	0.1 ●	0.0 ●
기니비사우	0.2 ●	NA ●	0.1 ●	0.0 ●
남수단	0.1 ●	0.0 ●	NA ●	NA ●
니제르	0.1 ●	0.1 ●	0.4 ●	0.0 ●
르완다	0.1 ●	0.1 ●	0.2 ●	0.0 ●
라이베리아	0.2 ●	0.0 ●	0.3 ●	0.0 ●
마다가스카르	0.1 ●	0.1 ●	0.1 ●	0.0 ●
말라위	0.1 ●	0.1 ●	0.4 ●	0.8 ●
말리	0.1 ●	0.1 ●	0.2 ●	0.0 ●
모잠비크	0.3 ●	0.1 ●	0.2 ●	4095.1 ●
베넹	0.6 ●	0.2 ●	0.2 ●	0.0 ●
부룬디	0.0 ●	0.1 ●	0.2 ●	0.0 ●
부루키나파소	0.2 ●	0.1 ●	0.1 ●	0.0 ●
세네갈	0.6 ●	0.2 ●	0.2 ●	4.2 ●
소말리아	0.0 ●	0.0 ●	0.2 ●	0.0 ●
시에라리온	0.2 ●	0.1 ●	NA ●	0.0 ●
에리트레아	0.1 ●	0.1 ●	0.3 ●	0.0 ●
에티오피아	0.1 ●	0.1 ●	0.3 ●	0.0 ●
우간다	0.1 ●	0.2 ●	0.1 ●	0.0 ●
중앙아프리카공화국	0.1 ●	0.1 ●	0.3 ●	0.0 ●
짐바브웨	0.8 ●	0.3 ●	0.2 ●	4.9 ●
차드	0.1 ●	0.0 ●	0.2 ●	NA ●
코모로	0.2 ●	NA ●	NA ●	0.0 ●
콩고민주공화국	0.6 ●	-0.4 ●	0.0 ●	4830.5 ●
탄자니아	0.2 ●	0.2 ●	0.1 ●	1.3 ●
토고	0.4 ●	0.1 ●	0.2 ●	0.0 ●

출처: SDSN 글로벌 보고서. 저자 재구성

체제전환국들과의 비교: 눈에 띄는 빈곤 수준

체제전환이란 특정 체제가 다른 체제로 변화하는 것을 일컫는다. 경제적으로는 계획체제에서 시장체제로의 전환을 뜻하지만, 크게는 정치적, 사회적, 문화적 함의를 아우른다. 정치적 함의 측면에서는 독재체제에서 다당민주주의로의 전환을 의미한다.*

일반적으로 체제전환국가(Transitional Country)는 정치적, 경제적 요인들을 함께 고려하여 정의되며, 물리적 지역, 체제전환정책 속도 및 정책 성과 정도 등에 따라 다양한 방법으로 분류한다.

체제전환국을 위한 대표적 지원기관은 유럽부흥개발은행(European Bank for Reconstruction and Development, EBRD)이다. 구소련이 붕괴된 이후 해당 국가들의 시장경제 전환을 지원하는 것을 목적으로 1991년에 설립된 기관으로, 필요 분야에 약 1,300억 유로를 투자하여 5,200여 개의 개발사업을 진행했다.

현재 EBRD는 지속가능발전이라는 범지구적 트렌드에 발맞추어 체제전환국의 지속가능발전을 돕는 방향으로 사업을 추진하고 있다. 체제전환의 개념 자체에서부터 지속가능성을 도입하여 지원의 방향과 방법을 다변화한 것이다. 2017년부터는 성공적 시장경제의 기준을 경쟁력으로만 한정하지 않고, 경

* 일반적으로 경제체제는 시장경제를 바탕으로 하는 자본주의체제와 계획경제를 바탕으로 하는 사회주의체제로 나뉜다. 남북의 경제체제를 소유 방식에 따라 분류하면 개인의 소유가 인정되는 남한은 자본주의체제이고, 모든 소유권이 국가에 있는 북한은 사회주의체제다. 그리고 경제체제의 운영 방식으로 구분하면 자원의 분배, 생산, 가격 및 이윤에 관한 결정 등을 시장의 자유에 맡기는 남한은 시장체제, 모든 경제활동에 대한 의사결정을 국가가 통제하는 북한은 (중앙)계획체제다.

경제체제전환의 주요 정의

기관(연도)	정의
EBRD(1994)	계획경제체제에서 시장경제체제로 전환하는 것을 뜻하며 자원의 분배 및 생산에 새로운 시스템을 도입하는 것
Havrylyshyn and Wolf(1999)	자유화, 거시경제 안정화, 민영화, 경성예산제약, 투명한 제도적·법적 체계를 수립하는 것
IMF(2000)	체제전환의 주요 결정요소는 자유화, 거시경제 안정화, 구조조정 및 민영화, 그리고 법·제도의 개혁 등
Falke(2002)	중앙계획경제에서 시장기반경제로 나아가는 모든 국가들의 전환 과정 및 행태
World Bank(2002)	전환 초기에는 신·구 경제부문(혹은 기업) 간에 노동생산성과 자본에 격차가 존재하나 이러한 차이가 사라지는 경우에 전환이 종료된다고 볼 수 있음

출처: 강성진·정태용, 경제체제 전환과 북한, 2017. 1.

쟁력 있고(competetive), 포용적이며(inclusive), 안정적 지배구조(well-governed)와 함께 환경친화적이고(green), 회복력 있고(resilient), 통합적인(integrated) 시장에 두고 각종 사업을 펼치고 있다.

다음의 표 '체제전환국가의 유형'은 체제전환국가들을 정치체제와 경제개혁의 수준으로 분류한 것이다.

세계의 많은 학자들은 30여 년의 체제전환국 연구를 통해 정치체제의 변화와 경제개혁 수준이 비례한다는 사실을 밝혀냈다. 표에서 보더라도 개혁선도국가들이 민주주의에 가까운 정치체제를 가지고 있으며, 권위주의체제에 가까울수록 경제개혁이 지체되는 현상을 확인할 수 있다. 물론 이것이 절대적인 분류는 아니며, 넓은 스펙트럼을 가진 과도적개혁국가에 대해서는 다양한 견해가 있을 수 있다.

여기서 눈여겨봐야 할 부분은 사회주의국가들이다. EBRD의 지원사업은 다

체제전환국가의 유형

<table>
<tr><th colspan="2" rowspan="2">경제개혁 / 정치체제</th><th rowspan="2">개혁선도국가</th><th colspan="3">과도적개혁국가</th><th rowspan="2">개혁지체국가</th></tr>
<tr><th>Upper</th><th>Middle</th><th>Lower</th></tr>
<tr><td colspan="2">정치체제 자유화</td><td>에스토니아
슬로베니아
라트비아
체코
리투아니아
폴란드
슬로바키아</td><td></td><td></td><td></td><td></td></tr>
<tr><td rowspan="2">과도기 단계</td><td>Upper</td><td></td><td>헝가리
크로아티아
불가리아
루마니아</td><td>몬테네그로
세르비아</td><td></td><td></td></tr>
<tr><td>Lower</td><td></td><td></td><td>그루지아
마세도니아
아르메니아</td><td>우크라이나
보스니아
몰도바
알바니아</td><td>코소보</td></tr>
<tr><td colspan="2">권위주의체제</td><td></td><td></td><td>러시아
카자흐스탄</td><td>아제르바이잔
벨라루스</td><td>키르기스스탄
타지키스탄
우즈베키스탄
투르크메니스탄</td></tr>
<tr><td colspan="2">사회주의 고수</td><td colspan="5">중국, 베트남, 캄보디아, 미얀마(버마), 라오스, 쿠바, 북한</td></tr>
</table>

출처: 오삼교의 〈체제전환의 유형과 특성〉(통일경제, 1998. 2)에 나오는 '표 1'을 바탕으로 〈Nations in Transit〉(Freedom House, internet version), 〈EBRD ATQ〉(internet version)의 자료를 사용하여 저자 재구성

* 〈Nations in transit〉, 〈EBRD ATQ〉 모두 체제전환국들을 대상으로 조사를 실시하여, 사회주의를 유지한 경제전환국들에 대한 정보는 제공되지 않았다. 오삼교의 '표 1'에서는 개혁선도국가(중국, 캄보디아), 과도적개혁국가(베트남, 라오스, 쿠바), 개혁지체국가(북한)로 분류했다.

당민주주의로의 전환을 전제로 이루어지기 때문에 사회주의를 고수하는 국가들은 대상에 포함되지 않는다. 그런데 중국처럼 정치적으로는 사회주의를 유지하면서 경제적으로는 자본주의적 요소들을 허용하는 국가들이 있기 때문에 경제체제의 변화를 기준으로 '전환경제(transitional economies)'의 국가를 체제

전환국에 포함시키고 있다. 표에서는 사회주의국가들이 EBRD 평가지수에 포함되지 않아 경제개혁 수준으로 분류하지 않았지만, 현 정치체제에서의 경제개혁을 기준으로 분류하면 개혁선도국가에 중국과 베트남을, 과도적개혁국가에 캄보디아, 라오스, 미얀마와 쿠바를, 개혁지체국가에는 북한을 포함할 수 있을 것이다.

현재 중국과 베트남은 북한의 경제발전모델로 꾸준히 거론되고 있다. 2018년 5월 남북정상회담에서도 김정은 위원장이 문재인 대통령과 도보다리를 산책하며 베트남의 개혁개방모델을 거론했다고 한다. 북한이 중국과 베트남의 모델 중 하나를 채택하여 그대로 추진할 가능성은 높아 보이지 않지만, 사회주의를 유지하면서 경제발전을 이룬 두 나라를 주목하고 있는 것은 확실하다.

체제전환국가들의 대시보드를 살펴보면 빨간색이 압도적으로 많은 저소득국가들과 달리 현재진행형인 발전의 면모를 읽을 수 있다. SDG2(기아)와 SDG3(건강·복지)에서 확인할 수 있듯이 정치와 경제 개혁 수준이 낮을수록 빨간색이 더 눈에 띈다는 점도 흥미롭다. 변화의 과정에 있어 발전이 불안정한 모습을 보이지 않을까 하는 우려와 달리, 회색이 많지 않다는 점도 주목된다. 이는 바다가 없는 내륙국가들의 SDG14(해양생태계)를 제외하면 과도기국가들의 SDG6(물·위생)과 개혁지체국가 및 사회주의국가들의 SDG10(불평등 완화)에서 공통적으로 나타난다.

체제전환국가들과 북한의 지표를 비교하면 SDG9(산업·혁신·인프라), SDG11(지속가능한 도시), SDG14(해양생태계), SDG15(육상생태계) 등에서 취약성이 비슷하게 나타났으며, SDG4(교육), SDG5(양성평등), SDG6(물·위생)에서도 평균적으로 유사한 양상을 보였다.

좀 더 세부적으로 들어가 북한과 사회주의 경제전환국들을 비교해도 별 차

전환경제국의 대시보드

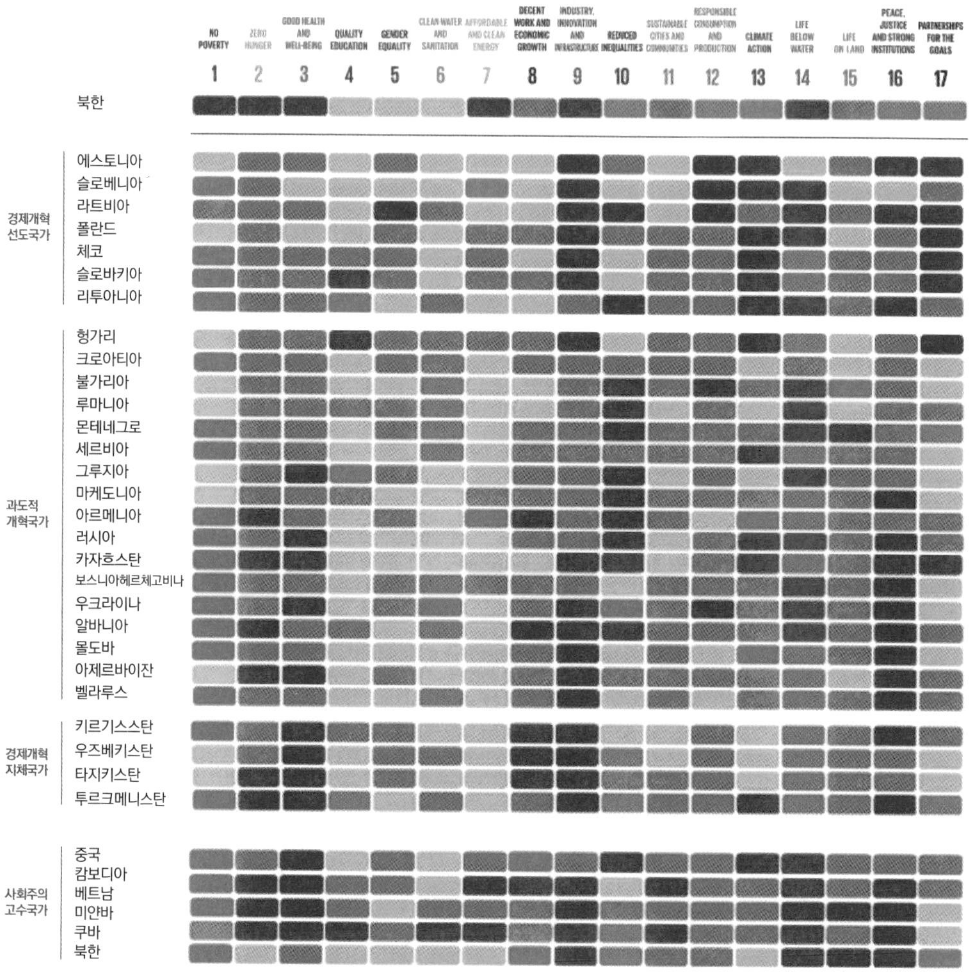

출처: 2018 SDSN 글로벌 보고서. 저자 재구성

* 코소보는 〈SDSN 글로벌 보고서〉에 포함되지 않아 대시보드 비교 불가

이가 보이지 않는다. SDG1(빈곤), SDG8(경제성장·일자리), SDG13(기후변화), SDG17(파트너십)에서 약간의 차이를 발견할 수 있지만, 이들 4개 목표 외에는 북한이 평균치에 속해 있다. 그런 면에서 북한이 유일하게 SDG1(빈곤)에서 빨간색을 받은 점은 아쉬운 부분이다.

북한을 비롯한 사회주의국가들은 SDG7(에너지)에서 비슷한 범주에 들어 있는데, 체제전환국 전체로 보면 현저히 낮은 성과를 보이고 있어 분발이 요구된다.

북한을 제외한 다른 국가들에서 빨, 주, 노, 초가 모두 표시된 목표는 SDG8(경제성장·일자리)과 SDG17(파트너십)이 유일하다. 이 중에서 정치와 경제의 개혁개방을 위해 노력하는 체제전환국들의 SDG8(경제성장·일자리)이 실제로 어떤 상태에 있는지 살펴보자.

다음의 표는 사회주의 고수그룹과 경제개혁지체그룹의 이행지표들을 비교한 것이다.

경제성장률이 제각각인데도 불구하고 사회주의를 고수하는 국가들의 실업률이 낮은 이유는 사회주의경제의 구조적 특성에서 기인한다고 볼 수 있다. 총노동력과 총노동수요에 대한 중앙계획적 경제 운영으로 자발적 실업이 없거나 매우 적기 때문이다.

정치와 경제 개혁 면에서 북한과 비슷한 그룹에 속해 있는 국가들은 중국을 제외하고 은행계좌 비율이 낮다는 공통점을 갖고 있다. 낮은 은행계좌 구비율은 은행에 대한 제도적 신뢰 부족 때문일 수도, 경제 활성화의 부족을 알리는 신호일 수도 있다. 은행보다 사금융과 돈주를 선호하는 북한은 성적이 빨간색이라고 해도 무방할 것 같다.

사회주의 고수국가, 북한, 경제개혁지체국가 비교

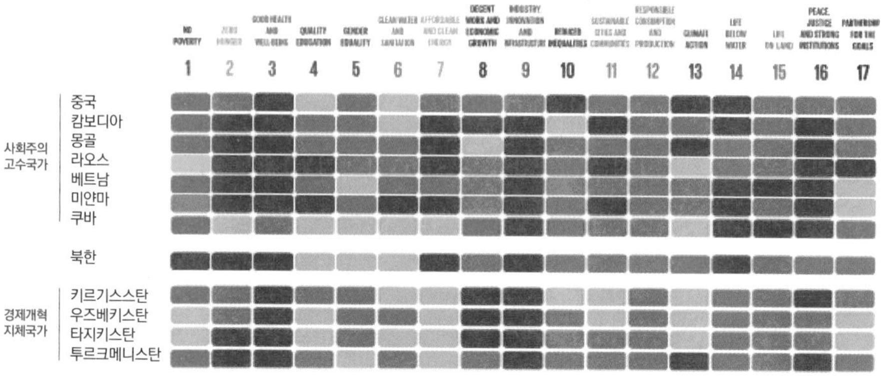

출처: 2018 SDSN 글로벌 보고서. 저자 재구성

사회주의 고수국가, 북한, 경제개혁지체국가의 SDG8 이행 수준 비교

구분	SDG8. 경제성장·일자리	조정된 GDP 성장률(%)	세계노예지수 (0-100)	은행 및 모바일 계좌를 지닌 성인 (15세 이상) 비율(%)	전체 노동력의 실업률(%)
사회주의 고수국가	중국	3.1 ●	80.0 ●	80.2 ●	4.7 ●
	베트남	-0.2 ●	100.0 ●	30.8 ●	2.1 ●
	캄보디아	-0.3 ●	0.0 ●	21.7 ●	0.2 ●
	라오스	1.2 ●	80.0 ●	29.1 ●	0.7 ●
	미얀마	1.2 ●	50.0 ●	26.0 ●	0.8 ●
	쿠바	NA ●	80.0 ●	NA ●	2.6 ●
북한	북한	NA ●	0.0 ●	NA ●	4.8 ●
경제개혁 지체국가	키르기스스탄	-3.2 ●	80.0 ●	39.9 ●	7.3 ●
	우즈베키스탄	1.2 ●	0.0 ●	37.1 ●	7.2 ●
	타지키스탄	-1.5 ●	50.0 ●	47.0 ●	10.3 ●
	투르크메니스탄	3.3 ●	80.0 ●	40.6 ●	3.4 ●

출처: 2018 SDSN 글로벌 보고서. 저자 재구성

〈2018 SDSN 글로벌 보고서〉에 기록된 '2016 세계노예지수'에서 북한, 캄보디아, 우즈베키스탄이 나란히 1, 2, 3위를 차지했다. 그런데 '2018 세계노예지수'에서는 캄보디아가 9위, 우즈베키스탄이 69위를 기록하는 등 큰 변화를 맞았다. 그럼에도 불구하고 북한은 여전히 부동의 1위를 지키고 있다.

앞서 살펴보았던 2017년 경제성장률과 은행계좌 구비율을 빨간색으로 추정한다면, 북한은 실업률을 제외하고 모두 빨간색으로 표시될 것이다. 비슷한 상황의 그룹 안에서조차 뒤처지는 북한에 더 많은 노력이 필요한 상황이다.

취약분쟁국들과의 비교: 정보 확인조차 어려운 회색 물결

취약성(fragility)이나 취약국(fragile state)에 대해서는 국제기구나 기관마다 조금씩 다르게 정의하고 있다. 취약국, 취약분쟁국, 취약성과 분쟁 및 폭력에 노출된 나라 등 명명하는 방법과 범위도 다양하다. 일반적으로 취약분쟁국은 취약점이나 분쟁 때문에 빈곤과 저개발의 어려움을 겪고 있으며 그 어려움 때문에 더 취약해지는 악순환이 이어지는데, 역량과 의지가 부족해서 스스로 해결할 수 없는 국가를 지칭한다. 최근에 분쟁이 종결되었거나 분쟁의 재발 우려가 큰 국가, 정부의 통치 능력이 열악한 국가, 테러에 취약한 국가 등이 여기에 속한다.

취약분쟁국은 개발에 필요한 환경이나 역량의 부족으로 공여국의 지원이 효과적으로 성과를 내기 어렵다는 점에서 새로운 문제로 떠올랐다. 이와 함께 테러, 조직적 범죄, 인신매매 등이 세계의 평화와 안보를 위협하는 요인으로 지적되면서 취약분쟁국에 대한 다른 차원의 접근과 지원이 필요하다는 인식이 확산되었다. 또한 빈곤과 저개발에서 출발한 취약분쟁국의 개념이 정치, 경제, 사

취약국가지수(FSI)의 평가 항목

응집력 이행지표	경제적 이행지표	정치부문 이행지표	사회부문 및 교차 분야 이행지표
C1: 안보장치 (Security Apparatus)	E1: 경제침체 (Economic Decline)	P1: 국가 정통성 (State Legitimacy)	S1: 인구압 (Demographic Pressures)
C2: 엘리트 당파성 (Factionalized Elites)	E2: 경제개발 불균형 (Uneven Economic Development)	P2: 공공서비스 (Public Services)	S2: 난민과 국내 실향민 (Refugees and Internally Displaced Persons)
C3: 집단 간 갈등 (Group Grievance)	E3: 인력 및 두뇌 유출 (Human Flight and Brain Drain)	P3: 인권과 법치주의 (Human Rights and Rule of Law)	X3: 외부적 개입 (External Intervention)

출처: FSI 홈페이지

회, 환경 등으로 확대되는 추세에 있다. 미국의 싱크탱크인 평화기금(Peace for Fund)에서 매년 취약국가지수(Fragile State Index, FSI)를 발표하는데, 응집력(cohesion), 경제(economic), 정치(political), 사회(social) 부문으로 나누어 취약 정도를 평가한다.

OECD에서도 2016년부터 경제, 환경, 정치, 안보, 사회 등 5개 부문에서 취약성을 진단하기 시작했는데, 각 부문의 내용은 오른쪽 표와 같이 정리할 수 있다.

기관별로 취약성의 기준과 범위가 조금씩 다르기 때문에 북한의 취약성에 대한 평가 역시 차이를 보인다. 세계은행은 아시아개발은행, 아프리카개발은행, 세계은행의 '국가 정책 및 제도 평가(Country Policy and Institutional Assessment, CPIA)' 점수를 통합한 평균값을 기준으로 취약한 환경의 국가 리스트(Harmonized List of Fragile Situations)를 작성하는데, 2018년 7월에 업데이트된 리스트에서는 북한을 포함시키지 않았다. 하지만 평화기금의 취약국가지수(FSI) 2019년 보고서에서는 북한이 총점 92.7점으로 전 세계 178개국

취약성 5개 부문

부문	설명
경제	경제적 취약성은 거시경제적 충격, 불평등한 성장, 높은 청년실업처럼 경제 기반과 인적자원의 취약성 때문에 발생하는 위험에 대한 취약성
환경	시민의 삶과 생계에 영향을 미치는 환경, 기후 및 건강 위험에 대한 취약성. 자연재해, 공기오염, 전염병에 대한 노출 포함
정치	정치적 과정·사건·결정, 정치적 포괄성의 결여(엘리트 포함), 투명성과 부패 및 변화를 수용하고 억압을 피할 수 있는 사회적 능력 등에 내재된 위험에 대한 취약성
안보	정치적, 사회적 폭력을 포함한 폭력 및 범죄에 대한 전체적인 보안에 대한 취약성
사회	문화적으로 정의되거나 구성된 그룹 간의 불평등, 사회적 불평등처럼 수직적, 수평적 불평등에서 비롯되어 사회적 응집력에 영향을 미치는 위험에 대한 취약성

출처: OECD, 2016 취약국 보고서

중 26번째 취약한 국가로 기록되었다.* OECD는 전체 점수나 순위를 합산하여 공표하지는 않지만, 58개 취약국을 분석한 보고서에 북한을 포함시켰다. 해당 보고서에서 북한은 환경: 높은 취약성(2), 경제: 높은 취약성(2), 정치: 심각한 취약성(1), 사회: 심각한 취약성(1), 안보: 가벼운 취약성으로 평가받았다.**

이제는 취약성과 취약국의 범위가 확대, 재정립되면서 지속가능발전과의 접점도 재인식되고 있다. 〈2018 OECD 취약국가 보고서〉에서는 취약국가들이 비취약국가들에 비해 뒤처지기 시작한 지표에 주목했다. 취약성 순위에

* FSI의 점수 범위는 1(취약성 낮음)~120(취약성 높음)이다. 북한은 정치적 폭력, 투명성, 정치 과정의 공평성, 정부에 대한 신뢰 등의 항목이 포함된 국가 합법성(State Legitimacy) 지표에서 가장 높은 점수를 받았다. 2007년에는 13위로 취약성이 높았으며, 2016년과 2017년에는 30위를 기록했다가 2018년 다시 28위로 올라섰다.

** OECD의 보고서는 각 분야별로 취약성을 1~6등급으로 나누어 표기한다. 1=severe fragility, 2=high fragility, 3=moderate fragility, 4=low fragility, 5=minor fragility, 6=non-fragile

취약 유형별 국가 취약성

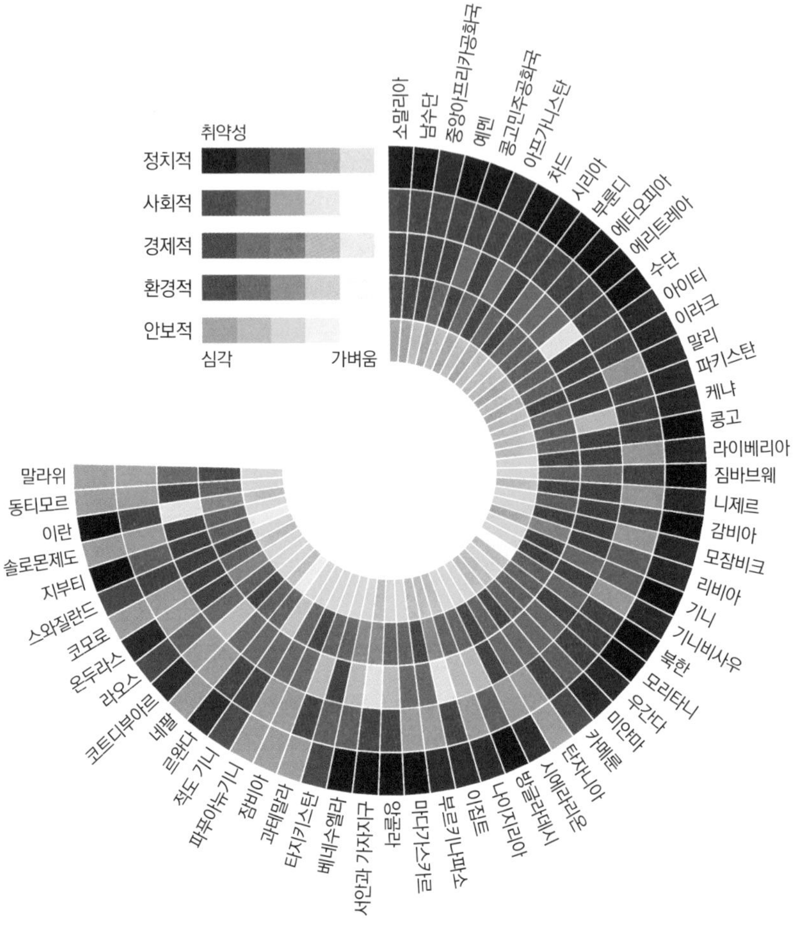

출처: 2018 OECD 취약국가 보고서

서 155등, 156등, 157등을 차지한 콩고민주공화국, 차드, 중앙아프리카공화국은 취약국가의 SDGs 달성의 어려움을 잘 보여주는데, 그나마 SDG13(기후변화), SDG17(파트너십)에서는 순항 중이지만, SDG1(빈곤), SDG2(기아), SDG3(건강·복지), SDG16(평화·정의·제도)을 달성하는 데는 적지 않은 난관이 존재한다. 그중에서도 SDG16(평화·정의·제도)은 취약분쟁국의 안정을 도모하고 개발 과정에서 적용할 수 있는 세부 목표들을 제시하여 특별히 중요한데, 대부분의 국가들이 부족한 역량 때문에 SDG16(평화·정의·제도)의 최하위권에 머물러 있다. 그럼에도 불구하고 '아무도 뒤에 남겨두지 않고(Leave No One Behind)', '가장 뒤처진 자를 가장 먼저 챙긴다(Reach the Furthest behind the First)'는 SDGs의 정신이 취약분쟁국의 문제 해결과 상황 개선을 위한 노력에 분명한 이유로 작용하고 있다.

취약분쟁국들을 모아놓은 대시보드를 보면 생소하지 않은 느낌인데, 빨간색이 즐비한 저소득국가들의 대시보드와 많이 겹쳐지기 때문이다. 취약분쟁국의 대시보드에서 두드러진 것이 있다면 바로 회색으로 표시된 부분이다. 국가적 안정성이나 역량이 낮은 편이어서 정보 수집이 어려운 현실을 보여준다. 그러한 회색 물결은 SDGs의 현황을 파악하고 지표를 이행하는 데 큰 걸림돌이 된다. SDG10(불평등 완화), SDG16(평화·정의·제도), SDG17(파트너십), 그리고 SDG14(해양생태계)에 유달리 회색이 많은데, 이 가운데 SDG14가 내륙국가들에 해당되지 않는 점을 고려하면, 거버넌스, 정치체계, 정부의 역할 등 정치적 요인에 따른 결과임을 알 수 있다.

취약분쟁국들의 상황을 종합하면 SDG1(빈곤)부터 SDG11(지속가능한 도시)까지는 전체적으로 열악하고, SDG12(지속가능 소비·생산)와 SDG13(기후변화), SDG15(육상생태계), SDG17(파트너십)에서는 그나마 개선의 여지

취약분쟁국의 대시보드

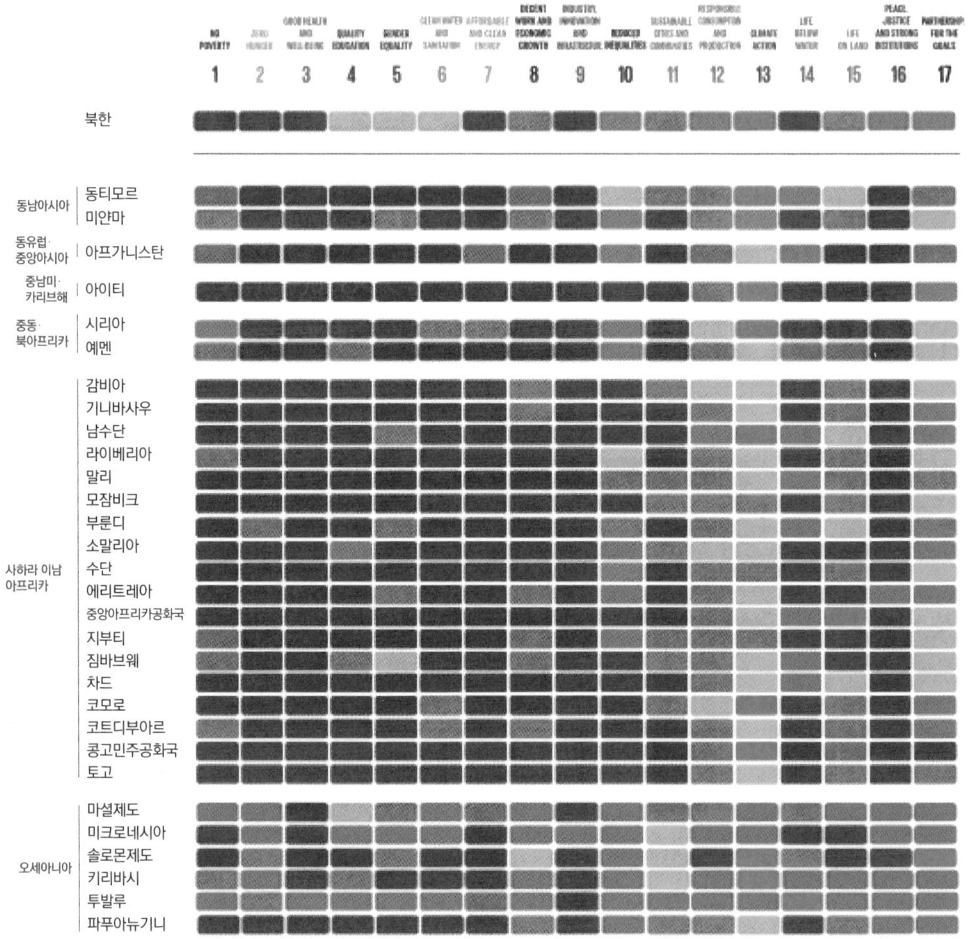

출처: SDSN 글로벌 보고서. 저자 재구성

가 있어 보인다. 대시보드의 취약분쟁국들은 산업화를 강점으로 내세우는 나라들이 아니어서 경제개발과 관련된 지표들은 부족한 점이 많지만, 기후변화에 대해서는 후한 점수를 받았다.

취약분쟁국들은 성취도 면에서 북한과 거의 비슷한 수준을 보였다. 대부분의 국가들이 SDG1(빈곤), SDG2(기아), SDG3(건강·복지), SDG7(에너지), SDG9(산업·혁신·인프라), SDG14(해양생태계)에서 빨간색 성적을 받은 가운데, 북한이 주황색을 받은 SDG8(경제성장·일자리), SDG11(지속가능한 도시)에서도 여전한 취약성을 나타냈다. 표시된 색깔만 보면 SDG4(교육), SDG5(양성평등), SDG6(물·위생)에서 북한이 취약분쟁국들보다 높은 수준이라고 할 수 있지만, SDG4(교육)~SDG6(식수위생) 지표들에 비어 있는 정보가 채워져도 그러한 차이를 보일지는 장담할 수 없다.

결론적으로 SDG4~6을 제외한 나머지 목표들에서 북한과 취약분쟁국들은 비슷한 수준을 보이고 있으며, 역량 부족으로 SDGs 이행에 어려움을 겪고 있는 이들 국가에 대한 국제적 관심과 협력이 절실한 상황이다.

취약분쟁국 리스트

취약국가지수(2019)		
순위	국가	점수
1	예멘	113.5
2	소말리아	112.3
3	남수단	112.2
4	시리아	111.5
5	콩고민주공화국	110.2
6	중앙아프리카공화국	108.9
7	차드	108.5
8	수단	108
9	아프가니스탄	105
10	짐바브웨	99.5
11	기니	99.4
12	아이티	99.3
13	아리크	99.1
14	나이지리아	98.5
15	부룬디	98.2
16	카메룬	97
17	에리트레아	96.4
18	니제르	96.2
19	기니비사우	95.5
20	우간다	95.3
21	말리	94.5
22	미얀마	94.3
23	에티오피아 / 파키스탄	94.2
25	케냐	93.5
26	북한	92.7
27	콩고	92.5
28	리비아	92.2
29	코트디부아르	92.1
30	라이베리아	90.2
31	모리타니	90.1
32	베네수엘라	89.3
33	모잠비크	88.7
34	이집트	88.4
35	앙골라	87.8
36	방글라데시	87.7
37	르완다	87.5
38	토고	87.4
39	시에라리온	86.8
40	잠비아	85.7
41	동티모르	85.5
42	에스와티니	85.3
43	지부티	85.1
44	레바논	85
45	네팔	84.7
46	스리랑카	84
47	부르키나파소 / 감비아	83.9
49	말라위	83.3
50	파푸아뉴기니 / 필리핀	83.1

출처: 평화기금(Fund for Peace)

취약한 환경국가 리스트(2019)		
국가	평균	비고
남수단	1.69	
에리트레아	1.99	
예멘	2.11	
코모로스	2.46	
수단	2.47	
중앙아프리카공화국	2.48	P
기니비사우	2.54	P
말리	2.57	PK
짐바브웨	2.72	
아프가니스탄	2.73	P
마셜제도	2.74	
미크로네시아	2.82	
아이티	2.88	PK
파푸아뉴기니	2.91	
차드	2.94	
감비아	2.95	PK
투발루	2.96	
키리바시	2.97	
콩고	2.99	
부룬디	3.01	
콩고	3.04	PK
솔로몬제도	3.08	
지부티	3.13	
미얀마	3.15	
동티모르	3.15	
모잠비크	3.16	
토고	3.16	
라이베리아	3.24	PK
코트디부아르	3.54	PK
코소보	3.57	PK
소말리아		P
시리아		
서안과 가자지구		P
이라크		P
레바논		P
리비아		P

일반적으로 평균 점수가 3.5 이하인 경우 취약한 상황으로 판단하며, 추가적으로 지난 3년간 peace keeping(평화 유지) 혹은 peace building(평화 구축) 미션이 수행된 경우 취약국가로 간주

PK: Peace Keeping Missions
P: Political & Peacebuilding Missions

출처: 세계은행

대북지원의 효과를 높이려면

이 장에서는 현재까지 북한에 대한 국제사회와 한국 정부의 지원 현황을 살펴보고 지속가능발전의 관점에서 그 효과성을 분석한다. 향후 북한과의 개발협력 방향을 가늠하는 데 중요한 열쇠가 될 수 있기 때문이다.

점점 다양해지는 국제사회의 지원 방식

국제사회의 대북지원 현황은 유엔인도주의업무조정국(United Nations Office for the Coordination of Humanitarian Affairs, UNOCHA)에서 집계하는 전 세계의 인도적 지원 데이터를 통해 파악할 수 있다.

2000년부터 2018년까지 국제사회의 대북지원은 총 24억 2,054만 달러에 달한다. 흐름을 보면 2001년에 급격히 상승했다가 2005년 이후 하락세가 지속되

국제사회의 대북지원 현황

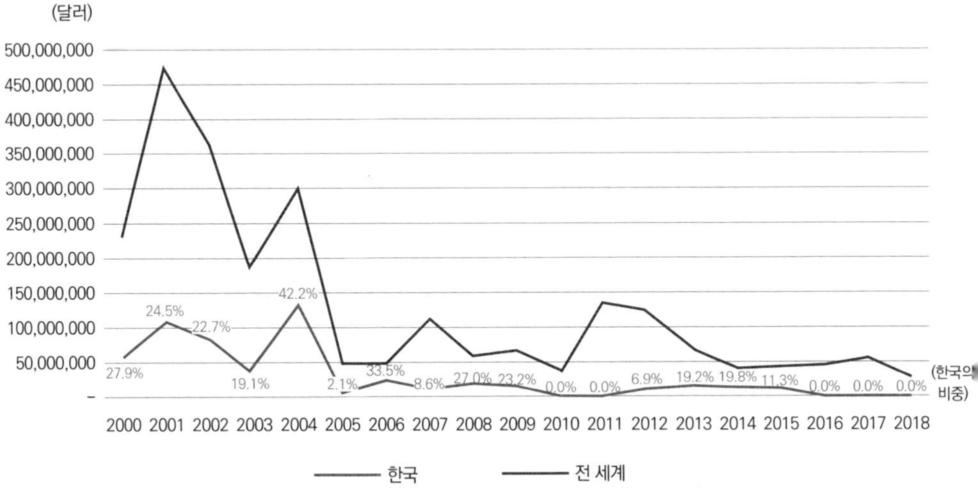

출처: UNOCHA, Financial Tracking Service. 저자 재구성

고 있다. 북한의 핵문제와 한국 정부의 대북정책 및 남북관계의 변화로 국제사회의 대북지원이 감소하게 되었다.

국제사회의 대북지원 현황을 분야별로 나누어 추이를 살펴보면 지원 트렌드를 확인할 수 있는데, 2000년대 초반에는 식량지원의 비중이 높았다가 2000년대 중반 이후로 보건 및 위생식수 등 생활개선사업으로 지원이 다양해지는 모습을 보인다. 이것은 국제사회가 1990년대의 사회주의권 붕괴와 대기근이나 홍수 등의 자연재해로 고난의 행군을 겪었던 북한에 대해 식량을 우선적으로 지원한 데 따른 것이다.

20여 년간 국제사회가 북한에 가장 많이 지원한 분야는 식량안보(Food

국제사회의 대북지원 분야별 추이

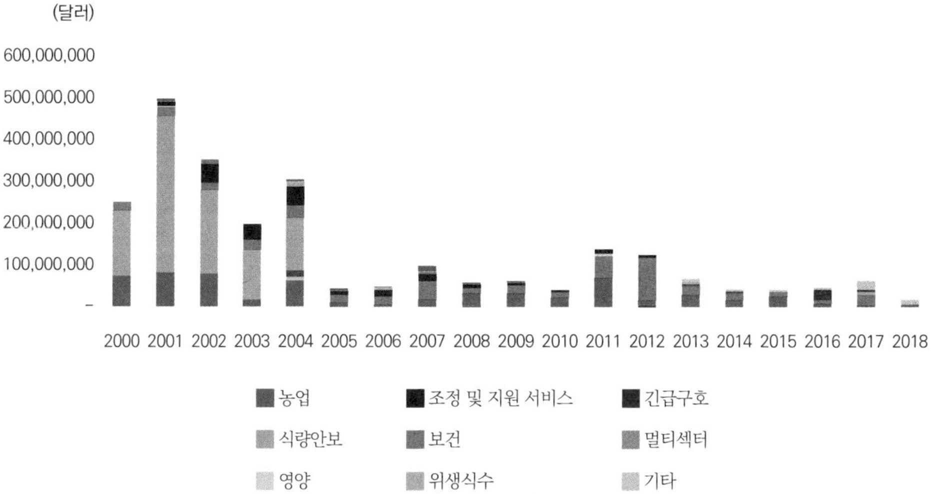

출처: UNOCHA, Financial Tracking Service. 저자 재구성

Security)로 절반에 해당하는 49.9%를 차지했다. 다음으로는 보건(Health) 18.9%, 농업(Agriculture) 11.7%로, 3개 분야가 전체의 80.5%를 점유했다. 어려운 경제 상황과 북핵문제가 맞물려 2000년대 중반까지는 식량 분야에 지원이 집중되다가 그 이후 점차 감소하는 모습을 보였다.

초점을 달리해서 국제사회의 지원을 지속가능발전의 관점에서 평가해보면 어떤 결과가 나올까?

UNOCHA의 데이터를 보자. 이 데이터는 모두 15가지 섹터로 구분되는데, 이를 SDGs로 전환하면 7가지 항목의 매칭이 가능하다. 각 항목은 SDG2(기아), SDG3(건강·복지), SDG4(교육), SDG6(물·위생), SDG9(산업·혁신·인프

국제사회의 대북지원 분야별 비중

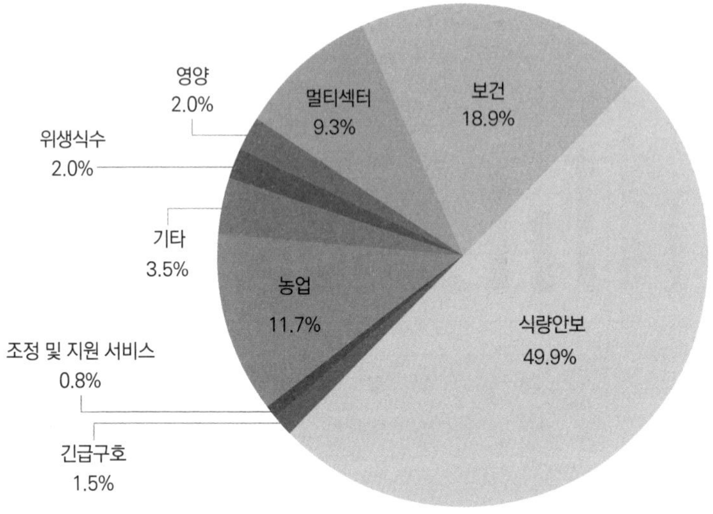

출처: UNOCHA, Financial Tracking Service, 저자 재구성

라), SDG12(지속가능 소비·생산), SDG16(평화·정의·제도)이다.

국제사회의 대북지원 현황을 SDGs에 매칭한 결과, SDG2(기아) 부문이 61.7%로 가장 많은 비중을 차지했다. 지난 20년간 국제사회의 지원이 식량 및 농업 등 기아문제 해결에 집중되었음을 알 수 있다. 다음은 SDG3(건강·복지)으로 21.5%인데, 취약한 보건 및 의료 분야가 두 번째로 많은 지원을 받은 것이다.

북한은 SDG2(기아)와 SDG3(건강·복지)이 취약하다. 그러나 조금씩 개선의 방향으로 나아가고 있으며, 국제사회의 대북지원도 미약하나마 긍정적 영향

UNOCHA의 대북지원 분야별 SDGs 매칭 현황

분야	SDGs
농업	2
조정 및 지원 서비스	16
기타	16
아동 보호	3
초기 지원	9
교육	4
긴급구호	16
식량안보	2
보건	3
물류	9
멀티섹터	16
지뢰 제거	12
영양	3
보호	16
위생식수	6

출처: UNOCHA 'Financial Tracking Service'; 'SDG Index and Dashboards Report: Global Responsibilities'. 전문가 의견 수렴하여 저자 재구성

을 준 것으로 평가된다. 다만 아직까지도 취약성을 벗어나지 못한 북한의 현실을 고려할 때 과거의 지원 내용을 좀 더 면밀히 분석하여 향후 북한에 대한 지원 및 개발협력에서 보다 효과를 높일 수 있도록 프로그램을 재검토할 필요가 있다.

SDG에 기반한 국제사회의 대북지원 현황

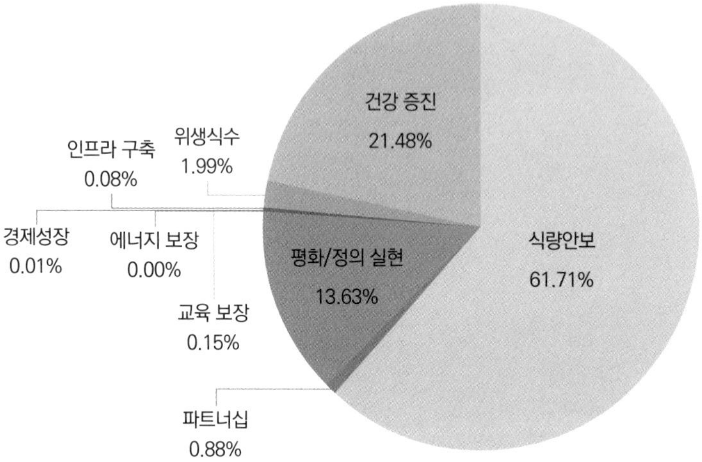

출처: UNOCHA 'Financial Tracking Service'; 'SDG Index and Dashboards Report: Global Responsibilities'. 저자 재구성

한국의 대북지원 자료는 어디에?

앞면은 잘못된 것이 아니다. 한국의 대북지원 현황 관련 정보가 제대로 축적되고 공유되어 발전적 대북지원이 되기를 바라는 뜻에서 공백으로 처리했다.

유엔기구(UNOCHA)에서는 대북지원 자료를 투명하게 공개하고 있지만, 한국 정부는 관련 세부 정보를 미공개하고 국제 수준의 프레임에 따른 분류도 제공하지 않고 있다. 이것은 북한 개발을 위한 한국과 국제사회의 노력을 조율하고 통일에 기여하는 개발협력전략을 수립하는 데 치명적인 약점으로 작용할 수 있다. 국민의 세금으로 진행된 대북지원사업의 내용들이 국민과 국제사회에 공개되어 적절히 활용될 수 있어야 한다.

제한적이긴 하지만 통일부에서 제공하는 대북지원정보시스템을 통해 파악한 한국의 대북지원 현황은 다음과 같다.

북한에 대한 한국의 인도적 지원 규모는 집계가 시작된 1995년부터 2017

한국의 대북지원 현황

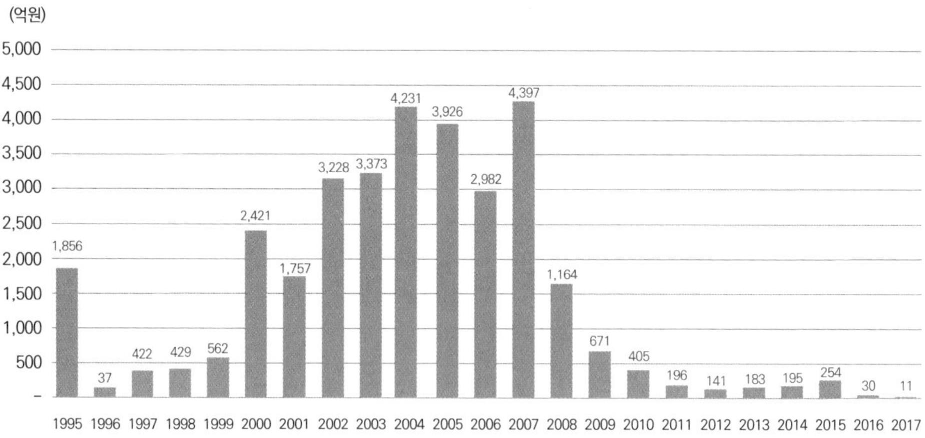

출처: 통일부 대북지원정보시스템(2018. 7. 22). 저자 재구성

년까지 총 3조 2,871억 원(30억 4,695만 달러)에 달했다. 2007년 4,397억 원으로 최고치를 기록한 뒤 2008년부터 2017년까지는 남북관계의 악화로 급격히 감소했다.

대북지원은 정부의 대북정책에 따라 큰 차이를 보였는데, 남북관계가 호전된 김대중·노무현 정부 때는 꾸준히 증가한 반면, 금강산 관광객 피격사건과 천안함 사태, 연평도 포격 등 악재가 연이어 발생했던 이명박·박근혜 정부에서는 급감했다.

대북지원 현황을 분야별로 살펴보면, 분야별 집계 결과가 공개된 2008년부터 2017년까지 가장 많이 지원된 분야는 보건의료로 51.0%인 1,656억 원이었으며, 사회복지 22.9%, 긴급구호 8.5%, 일반구호 6.8%, 농업 4.5%, 생활개선·에너지 4.1% 순으로 나타났다. 그런데 전체 대북지원 규모의 90%를 차지하는 1995년부터 2007년까지의 데이터가 누락되어 있어 지원 현황을 설명하는 데 한계가 있다.

한국의 대북지원 분야별 비중

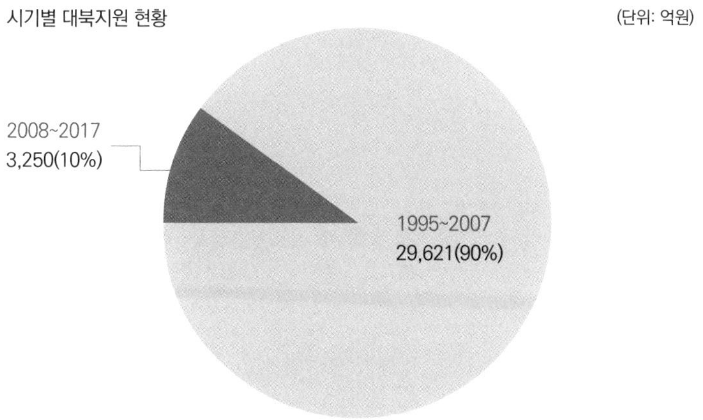

분야별 비중(2008~2017)

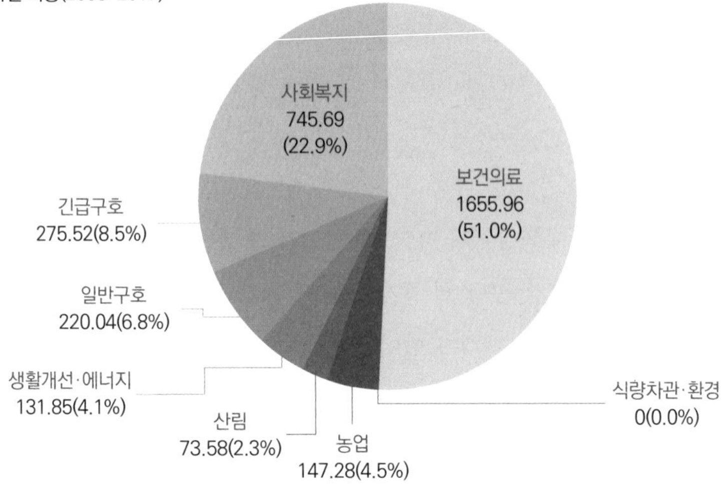

출처: 통일부 대북지원정보시스템(2018. 7. 22). 저자 재구성

건강·복지에 몰린 대북지원

한국의 대북지원을 지속가능발전의 관점에서 평가하면 어떤 결과가 나올까? 지금까지 한국은 일반구호, 긴급구호, 사회복지, 보건의료, 농업, 산림, 생활개선·에너지 등 7가지 분야로 나누어 대북지원을 해왔는데, 이 구분을 SDGs로 전환하면 5가지 매칭이 가능하며, SDG2(기아), SDG3(건강·복지), SDG7(에너지), SDG13(기후변화), SDG16(평화·정의·제도)으로 정리할 수 있다.*

* 대북 인도적 지원 관련 정부 관계자에 따르면 일반구호 분야는 식량과 생필품 지원을 포함하고, 생활개선·에너지 분야는 식수위생, 주택 개발, 마을 정비, 에너지 관련 지원을 포함한다. 이를 종합하면 SDG2, SDG6, SDG7, SDG9와 매칭할 수 있다. 여기서 각각의 세부 내용을 알면 좀 더 포괄적으로 SDGs와 매칭할 수 있을 것이다. 그러나 관계자 외에는 세부 정보에 접근하기 어렵고, 지원 분야의 분류 기준도 국제사회와 차이가 있다. 앞으로 대북지원의 투명성과 효율성을 높이려면 대북지원 관련 통계를 국제적 수준으로 구축하고 정보에 대한 접근이 용이하게 개선할 필요가 있다.

한국의 대북지원 분야별 SDGs 매칭 현황

분야	SDGs
일반구호	16
긴급구호	16
사회복지	3
보건의료	3
농업	2
산림	13
생활 개선·에너지	7

출처: 통일부 대북지원정보시스템(2018. 7. 22). 저자 재구성

한국은 SDG3(건강·복지) 분야의 대북지원이 73.9%로 대부분을 차지했으며, 다음으로 긴급구호 성격의 SDG16(평화·정의·제도) 분야에 15.2%를 지원한 것으로 나타났다. SDG2(기아)는 4.5%, SDG7(에너지)은 4.1%의 지원이 이루어진 것으로 파악된다.

SDGs에 기반한 한국의 대북지원 현황

(단위: 억원)

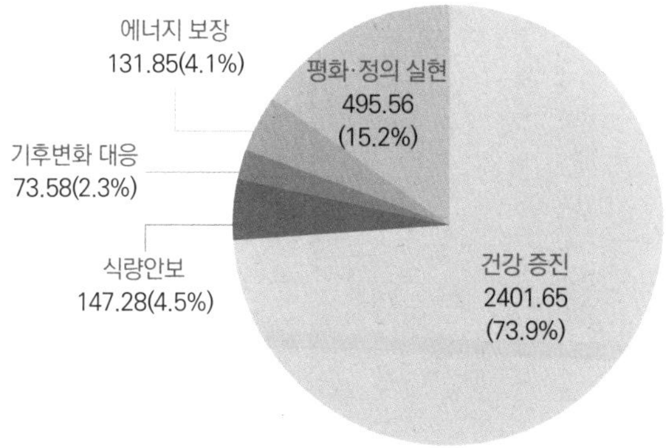

출처: 통일부 대북지원정보시스템(2018. 7. 22). 저자 재구성

지원의 실효성을 높이는 4가지 방법

그동안 국제사회와 한국의 대북지원은 주로 SDG2(기아)와 SDG3(건강·복지)에 집중되었다. 그런데도 북한은 SDGs 현황에서 알 수 있듯이 기아와 건강 분야에서 취약한 상태를 벗어나지 못하고 있다. 이는 그간의 대북지원이 충분치 않았거나 지원의 효율성과 효과성이 미미했다는 것을 의미한다. 이제

국제사회 및 한국의 대북지원과 북한의 SDGs 매칭 결과

국제사회의 대북지원(UNOCHA 통계)	북한의 SDGs 이행 현황		한국의 대북지원(통일부 통계)
	1	빈곤 종식	
14억 9,380만달러(61.7%)	2	식량안보	147.28억원(4.5%)
5억 1,990만달러(21.5%)	3	건강 증진	2,401.65억원(73.9%)
	7	에너지 보장	131.85억원(4.1%)
292만달러(0.08%)	9	인프라 구축	
	14	해양자원 보존	
22만달러(0.01%)	8	경제성장	
	11	거주자 조성	
	15	육지생태계 보존	
363만달러(0.15%)	4	교육 보장	
	5	성평등	
4,806만달러(2.0%)	6	위생 식수	
	10	불평등 완화	
	12	지속가능 소비	
3억 2,988만달러(13.6%)	16	평화/정의 실현	495.56억원(15.2%)
2,140만달러(0.9%)	17	파트너십	
	13	기후변화 대응	73.58억원(2.3%)
24억 2,054만달러	지원액 합계		3,250억원 (2008~2017, 전체 지원액 중 10%)

출처: 관련 자료를 바탕으로 저자 재구성

북한의 지속가능발전 개발협력

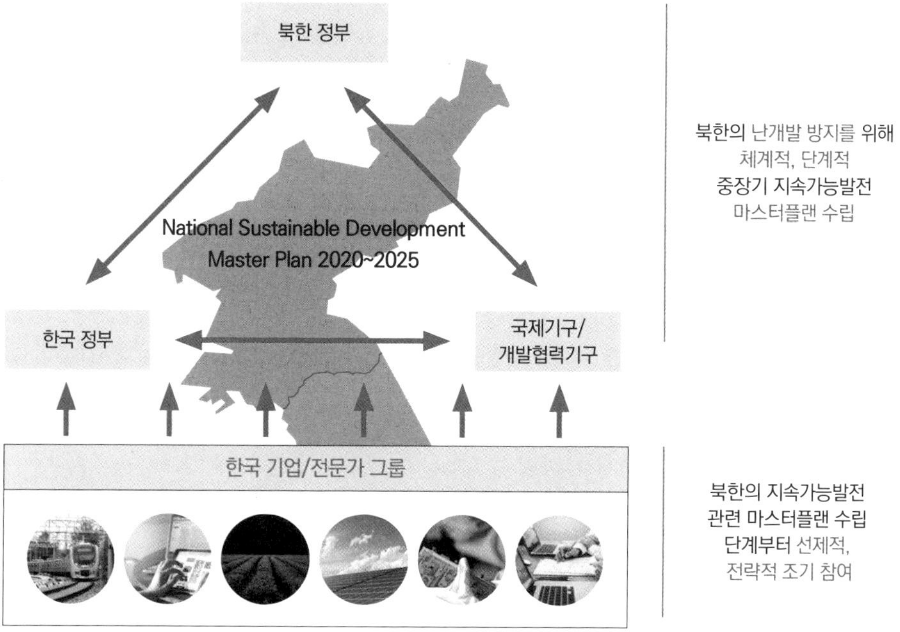

출처: 삼정KPMG

는 보다 실효성 있는 지원으로 지속가능발전의 협력을 위한 변화가 필요한 시점이다. 어떻게 하면 좋을까?

첫째, 한국을 비롯한 국제사회의 인도적 지원이 식량안보와 보건, 농업 분야에 치중되어 있다는 점을 상기하고 지원 효과 분석을 통한 효율성 제고에 노력을 경주해야 할 것이다. 과거의 지원 내용을 면밀히 검토하여 효과성을 높이는 프로그램부터 설계할 필요가 있다.

둘째, 북한의 지속가능발전을 고려하여 취약한 범주를 우선적으로 검토해야 한다. 북한은 SDG1(빈곤), SDG2(기아), SDG3(건강·복지), SDG7(에너지), SDG9(산업·혁신·인프라), SDG14(해양생태계)가 취약하므로 이들 분야를 우선순위에 두고 개발협력을 진행해야 할 것이다. 또한 북한이 원하는 분야에 대한 지원도 이루어질 수 있도록 북한과 UN이 합의한 지속가능발전목표를 함께 고려하여 사업을 설계해야 한다.

셋째, 2018년 SDGs 이행 현황 보고서에 북한이 처음으로 포함되었으나, 여전히 다수의 지표 데이터가 부재인 상태다. 데이터 기반의 국가 정책 수립을 위한 개발협력을 강화하고, 지금까지 국제사회 및 한국의 지원이 없었던 지속가능발전 분야의 개발협력 사업들을 추진해나가야 한다.

넷째, 장기적 관점에서 북한의 SDGs 지표 현황 및 평가에 따른 지속가능발전 마스터플랜을 수립해야 할 것이다. 분야별 지원과 SDGs 지표 및 평가 결과의 상관관계를 면밀히 분석하고 그에 따른 영향 요인을 도출하여 앞으로 추진할 정책의 효과성을 증진할 수 있도록 해야 한다.

PART 3

한반도의 미래를 여는 마스터플랜을 준비하라!

북한도 지속가능발전 프레임을 원한다?

우리는 앞에서 북한의 지속가능발전목표 달성 정도와 한국을 포함한 국제사회의 대북지원 현황을 살펴보았다. 부족한 자료에도 불구하고 북한이 지속가능발전의 길로 가려면 어떤 과제들을 해결해야 하는지를 파악할 수 있었고, 국제사회와 한국의 지원 분야와 상황을 지속가능발전의 프레임으로 분석함으로써 앞으로의 지원이 어느 목표들에 집중해야 하는가를 알게 되었다.

이제는 북한 속으로 들어가 개발협력의 주체인 북한 당국과 주민들이 지속가능발전 프레임을 얼마나 이해하고 지지하는가를 알아보고, 어떻게 하면 지속가능발전목표들을 달성할 수 있는가를 알아볼 차례다.

유엔과 북한이 합의한 4대 우선목표와 달성 프로세스

지금까지 공개된 자료들에 따르면 북한은 지속가능개발 프레임에 대한 상당한 이해와 수용 의지를 가지고 있다. 유엔과 북한이 공동으로 작성하고 공식적으로 채택한 유엔의 '북한 개발전략서 2017-2021'만 봐도 그렇다. 2016년 9월 북한의 외무성 국가조정위원회와 북한에서 활동하는 14개 유엔 기구*가 공동합의문을 발표했다.

유엔개발계획(UNDP)뿐만 아니라 북한 개발에 직간접적으로 관여하는 모든 유엔기구들에 개발전략의 방향성을 제시한 이 문서는 지속가능개발 프레임을 바탕으로 작성되었다. 특히 개발전략의 4대 우선순위를 제시하면서 우선순위별 지속가능목표를 적시함으로써 개발전략을 통해 어떤 지속가능목표가 어떻게 달성되는지에 대한 인과관계를 설정했다.

북한과 유엔의 공동합의문은 2010년 승인된 'UN 북한 전략계획 2011-2015'를 대체한 것으로, 북한에 상주하는 6개 유엔기구(FAO, UNDP, UNFPA, UNICEF, WFP, WHO)의 중점 지원 분야를 소개하며, 북한의 지속가능발전 4대 우선목표로 '식량 및 영양 안보', '사회개발서비스', '복원력(resilience)과 지속가능성', '데이터와 개발 관리'를 명시했다.

유엔 북한팀과 북한은 4대 우선목표 달성에 SDGs를 연계하며, 목표 달성

* 유엔상주조정관(UN Resident Coordinator), 유엔식량농업기구(FAO), 유엔개발계획(UNDP), 유엔환경계획(UNEP), 유엔아시아태평양경제사회위원회(UNESCAP), 유엔교육과학문화기구(UNESCO), 유엔인구기금(UNFPA), 유엔아동기금(UNICEF), 유엔공업개발기구(UNIDO), 유엔재해경감국제전략사무국(UNISDR), 유엔인도주의업무조정국(UNOCHA), 유엔프로젝트조달기구(UNOPS), 유엔세계식량계획(WFP), 세계보건기구(WHO)

북한-유엔의 '북한 개발전략서 2017-2021'

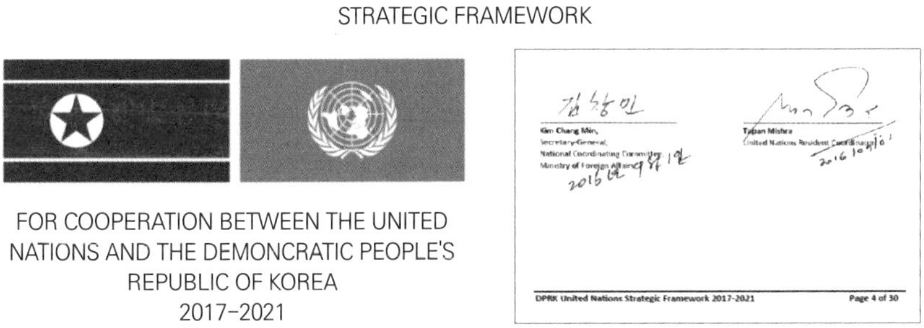

출처: UN, Towards Sustainable and Resilient Human Development, The Strategic Framework For Cooperation Between the UN and the Government of the DPRK 2017-2021

을 위한 프로그램 구성에 SDG10(불평등 완화)과 SDG17(파트너십)을 반영하고, 각 프로그램의 수혜 대상 선택 시에 여성과 취약계층을 우선적으로 고려하여 SDG5(양성평등), SDG16(평화·정의·제도)을 적용하기로 합의했다. 이 합의문에서 유엔과 북한은 북한의 지속가능발전 지원사업 대상에 대한 모니터링 및 평가가 완전하지는 않지만 개선되고 있다고 강조하면서 민간부문을 포함한 국제사회가 지원을 확대해줄 것을 요청하기도 했다.

북한의 지속가능발전 4대 우선목표 중 첫 번째인 '식량 및 영양 안보'는 영양실조와 식량부족 개선에 중점을 두고 영양부족 관리를 위한 '국가 전략 및 계획 2014-2018'을 추진했다. 북한은 그동안 '식량 및 영양 안보'를 중대 목표로 인식해왔다. 유엔도 임신을 했거나 수유 중인 여성, 5세 이하 아동의 영양부족에 관심을 갖고 북한 당국과 국민영양조사를 실시하여 취약 집단을 파악할 계획이며, 식량 생산 증대가 시급하다는 데 인식을 같이하고 전체 곡물생산량의 약 16%를 차지하는 수확 전후의 손실을 줄이기 위해 힘쓰고 있다.

두 번째 목표인 '사회개발서비스'는 교육을 비롯한 보건의료, 식수 공급 및 위생 수준 전반을 개선하는 데 중점을 두고 있다. 보건 분야의 장비와 보급품 부족 문제의 해결 및 의료기술의 현대화가 절실한 현실에서 유엔은 보건의료시스템과 서비스 질 개선에 집중하고 있다. 북한에는 위생설비에 대한 접근성과 품질이 떨어져 수돗물을 사용하지 못하는 가정, 학교, 보건시설과 보육원이 많다. 실제 수돗물 사용 비율은 전체 가구의 77%, 학교와 보건시설의 50%, 보육원은 62%에 불과한 것으로 알려진다.

세 번째 목표인 '복원력과 지속가능성'은 생태계, 기후변화 및 재난위험 대비 수준을 관리하는 데 초점을 맞추고 있으며, 〈북한 환경 및 기후변화 전망〉 보고서 발간 지원과 북한 비상사태 재난관리국가위원회(State Committee for Emergency and Disaster Management, SCEDM)의 발족을 통해 재난 대비 역량을 강화하는 중이다. 특히 북한과 유엔은 지속가능한 에너지 공급과 재조림 분야에 관심을 가지고 있는데, 관련 데이터가 부족하여 사업을 기획하기가 쉽지 않은 상황이다. 유엔은 우선적으로 유엔환경계획이 2012년에 발표한 〈북한의 환경 및 기후변화 전망(Environment and Climate Change Outlook Report, ECCO)〉 보고서의 업데이트를 지원하고, 필요 데이터를 보완할 계획이다. 또한 북한이 홍수와 가뭄 등 자연재해에 취약한 점을 고려하여 비상사태 재난관리국가위원회를 활용, 재난에 대비하는 역량을 강화할 계획이며, 이를 위해 재난취약성지도 제작, 재난 발생 시 국가대응관리역량 강화 지원사업이 시행될 예정이다.

네 번째 목표인 '데이터와 개발관리'는 데이터 기반의 국가 정책 수립을 지원하는 것이다. 유엔은 신뢰할 만한 북한 데이터가 부족하고 접근성이 낮은 점을 감안하여 거시적 수준의 데이터 수집과 분석으로 북한의 정책개발을 지

북한-유엔의 지속가능발전 공동 합의 내용

출처: UN, Towards Sustainable and Resilient Human Development, The Strategic Framework For Cooperation Between the UN and the Government of the DPRK 2017-2021(p.16~23). 삼정KPMG 대북비즈니스지원센터, 북한 비즈니스 진출 전략(370쪽) 재인용

원하고 북한이 식량 및 영양 안보, 사회개발서비스, 복원력과 지속가능성 부문에서 국제 기준에 따라 현황을 보고할 수 있도록 협력할 계획이다. 또한 북한이 회원국으로 참여하는 국제해사기구(IMO), 국제민간항공기구(ICAO), 유엔아시아태평양경제사회위원회(UNESCAP), 유네스코, 유엔아동기금(UNICEF), 유엔인구기금(UNFPA) 및 유엔개발계획(UNDP) 등의 국제 기준을 준수하도록 유도하고자 한다.

비록 국제사회의 제재로 유엔의 북한 개발이 정체된 상태이지만, 향후 재개되는 날이 오면 유엔과 국제사회는 이 합의를 바탕으로 새로운 개발사업들을 구상할 것이다. 북한 또한 외교부 최고위 당국자 및 관련자들이 서명한 이 합의서를 기준으로 국제사회와 협의에 나설 것으로 예상된다. 그 과정에서 지속가능발전 프레임은 가장 중요한 개념적 틀로 역할할 것이다.

북한과 캐나다의 지식공유사업이 시사하는 것

북한은 2010년부터 캐나다와 지식공유사업(Canada-DPRK Knowledge Partnership Program, KPP)을 전개하고 있다. 이 사업은 북한의 경제, 경영, 무역, 금융 분야 전공 교수들이 캐나다에서 받고 있는 집중연수프로그램과, 매년 특정 개발 분야를 선정하여 평양에서 전 세계의 학자와 실무자들, 북한의 관계자들이 함께 여는 국제회의로 구성되어 있다. 이 과정을 이끌어온 박경애 캐나다 UBC대 교수에 따르면 김일성대는 무역경제학과를 국제경제학과로 바꾸고 인민경제대에 개발학과를 신설했다고 한다. 또한 관련 학과 교수들이 현재 국제사회의 개발협력의 흐름에 매우 큰 관심을 가지고 연구하고 있다. 지금까지 이 사업에서 다룬 주제들은 산림개발, 지속가능한 농업과 같은 핵심 분야에서부터 개발협력을 위한 구체적인 사례까지 매우 포괄적이다.

이 사업에 대한 북한의 태도와 노력으로 볼 때 북한도 개발이 지속가능한 방향으로 진행되어야 한다는 생각은 분명한 것으로 보인다. 또 국제사회가 지속가능 프레임을 얼마나 중시하는지에 대한 이해도 충분한 것으로 추측된다.

지속적 발전에 관한 평양국제회의

출처: 경향신문, '김정은, 북한식 모델 찾아 과감한 결단 내릴 수도', 2019. 1. 9.
* 2016년 10월 KPP가 외국 학자들을 초청하여 평양에서 개최한 '지속적 발전에 관한 평양국제회의' 모습

지속가능발전에 대한 북한의 원칙과 의지

북한의 유엔대표는 2016년 10월 유엔총회 제71차 회의에서 지속가능한 발전과 관련한 자신들의 원칙적 입장을 밝히는 연설을 했다. 북한 대표는 경제와 금융 부문을 다루는 제2위원회 연설에서 '2030 지속개발의정(sustainable development 2030 agenda)'이 "전 세계적 범위에서 사회적 불평등과 빈곤을 없애고 인간의 존엄과 창조적 능력을 마음껏 발양하며 우리 세대뿐 아니라 후대들의 유족한 생활을 담보하는 세계를 건설할 것을 공약한 인류 공동의 행동강령"이라고 평가했다. '지속가능의정'은 지속가능개발목표의 북한식 표현이다.

북한 대표의 유엔 '2030 지속가능발전목표 고급회의' 연설 장면

출처: AP연합뉴스

북한 대표가 유엔 연설에서 표명한 지속가능한 발전에 대한 원칙적 입장도 주목된다.

첫째, 유엔이 정한 지속가능발전목표의 순조로운 이행을 위해 모든 성원국들의 자주적 개발권이 존중되어야 한다.

둘째, 지속가능발전목표의 이행 과정이 해당 나라의 민족경제 발전을 촉진시키고, 새로운 국제경제 질서를 수립하는 과정이 되어야 한다. 그리고 이 과정에서 세계은행, 국제통화기금 등 국제 금융기구에서 소수의 특정 국가들이 차지하고 있는 독점적 지위를 보장하는 현재의 국제경제체계를 개혁하고, 신흥국과 개발도상국의 대표권을 충분히 보장할 수 있는 평등하고 공정한 국제경제관계를 촉진해야 한다.

연설 내용을 자세히 들여다보면 북한이 지속가능개발목표라는 국제사회의 당면 과제를 이용하여 국제사회의 제재와 간섭에 대한 반감을 드러냈다고

할 수도 있지만, 지속가능개발목표에 대한 긍정적 수용과 지지 의사도 동시에 표현한 것으로 해석할 수 있다.

이렇게 볼 때 지속가능발전 프레임에 대한 북한의 인지도와 수용성은 어느 정도 수준에 도달했다고 해도 좋을 것이다. SDGs의 분야별 세부 목표가 함의하고 있는 기술적이고 세부적인 사항들까지 이해하고 지지하는지는 확신할 수 없지만, 북한과의 개발협력을 준비하는 국제사회와 한국의 관계자들이 북한에 별도의 개념 설명을 하지는 않아도 될 것으로 보인다. 자신들의 입장을 지속가능발전 프레임 속에 녹여내어 주장할 만큼 깊이 이해하고 있으니 말이다. 따라서 북한이 지속가능발전의 프레임을 받아들일 것인가라는 물음에 대한 답은 매우 긍정적이라고 이야기할 수 있다.

■ ■ ■

그들을 보면 그림이 나온다

앞에서 살펴본 것처럼 북한의 경제, 사회, 환경의 균형 발전을 위해서는 먼저 북한과 남한 정부 및 기업, 국제기구 등이 사업의 마스터플랜과 함께 데이터 기반의 정책 수립을 위한 개발협력을 강화해야 한다. 또한 취약한 분야를 우선적으로 고려하면서 지원이 미흡하거나 효과가 미미한 부문의 효율성을 제고하는 방향으로 사업을 추진해나가야 한다.

이와 관련하여 인도네시아의 지속가능발전 마스터플랜과 독일의 개도국 개발협력 등의 사례를 소개한다. 북한의 지속가능발전을 위한 밑그림을 그리는 데 좋은 참고가 될 것이다.

사례 1: 경제발전전략과 지속가능성을 결합한 인도네시아의 마스터플랜

지속가능발전 마스터플랜 수립에서 높은 평가를 받은 인도네시아는 정부 주도로 글로벌 SDG 프레임워크에 관한 협상을 진행하면서 중기 발전계획(2015~2019)을 수립했다. 중기 발전계획은 사회, 경제, 환경의 균형 발전과 함께 복지 향상, 불평등이 없는 번영, 환경과 생태계에 부정적 영향을 미치지 않는 개발을 우선목표로 고려했으며, SDGs의 17개 목표와 부합되도록 설계했다.

중기 발전계획은 국토개발부를 주무부서로 지정하고, 국토개발부는 조정과 계획, 예산 책정 등을 책임지고 실행 과정을 평가했다. 이와 함께 인도네시아 정부는 SDGs 관련 정책을 이행하고 감독하고 평가하기 위해 다수의 이해관계자들과 협력관계를 구축했다. 정부와 함께 민간기업, 학계 및 시민사회가 역량 구축, 모니터링 및 평가는 물론 데이터와 지표 마련을 위한 투입 요

인도네시아의 SDGs를 위한 전략계획

법·제도	· 지속가능개발에 관한 대통령령 초안 작성 · SDGs를 위한 국가 조정팀 창설 · SDGs를 위한 국가 사무국 설립
계획	· 국가 지표와 데이터 매핑 개발 · SDGs 로드맵 제시 · SDGs에 대한 국가 전략계획 제시
세부 실행계획	· SDGs 지표와 관련된 데이터베이스 구축 · 감독과 평가를 위한 기술적 가이드라인 제시 · 매년 SDGs 보고서 발간

출처: Asia-Europe Foundation (ASEF), Implementation Guide for the Sustainable Development Goals, 2017. 저자 재구성

인도네시아 중기발전계획의 SDGs 추진전략

	목표
SDG1	· 빈곤률을 7~8%대로 낮추기 · 사회보장제도의 보호를 받는 정규직·비정규직 노동자의 수를 각각 6,240만, 350만 명으로 늘리기
SDG2	· 미취학아동의 체중 미달 17%로 낮추기 · 유아의 발병률을 28%로 낮추기 · 국내 식량생산량 증가
SDG3	· 모성사망률을 100,000명당 309명으로 낮추기 · 영아사망률을 1,000명당 24명으로 낮추기 · 에이즈, 결핵, 비만, 그리고 고혈압 발병률 낮추기
SDG4	· 평균 교육률을 8.8년으로 늘리기 · 가독률을 96.1%까지 올리기 · 상위 20%와 하위 20%의 학교등록 비율을 0.9로 맞추기
SDG5	· 성개발지수를 69.6에서 상승시키기 · 여성권한지수를 70.5에서 상승시키기 · 아동학대 감소시키기
SDG6	· 안전한 식수 및 기본적인 위생시설에 대한 접근을 보편화하기
SDG7	· 전기화율 96.6%까지 높이기
SDG8	· 8% 경제성장률 달성하기 · 제조업 부문의 성장률 8.6%로 높이기 · 일자리 1,000만개 창출하기
SDG9	· 발전용량을 69.9GW로 늘리기 · 새로운 도로, 철도, 공항, 항구 건설
SDG10	· 지니계수를 0.36까지 낮추기 · 저개발마을의 수를 5,000개까지 줄이기
SDG11	· 도시지역 빈민촌 감소시키기 · 주택수주 잔량 500만호로 줄이기 · 도시의 대중교통 비중을 32%까지 늘리기
SDG12	· 연료보조금 재할당
SDG13	· 그린하우스의 가스배출량 감소시키기 · 환경품질지수 향상시키기 · 극심한 날씨 및 재난에 대한 인식 제고
SDG14	· 불법 어로활동 감소시키기 · 보호어종 수 증가시키기 · 해양보호구역 2,000만헥타르로 넓히기
SDG16	· 당국의 출생신고율 증가시키기 · 반부패지수 4.0까지 상승시키기
SDG17	· 세금 비율 16%까지 상승시키기 · 재정의 탄력성과 지속가능성 유지하기 · 비(非)가스·기름 부문의 수출률 24.3%로 상승시키기

출처: Asia-Europe Foundation (ASEF), Implementation Guide for the Sustainable Development Goals, 2017. 저자 재구성

SDG7에 대한 세부 목표

SDG	국가 목표	책임부서
SDG7: 합당하고 신뢰할 수 있고 지속가능하며 현대적인 에너지로의 접근 보장		
7.1 합당하고 신뢰할 수 있고 지속가능하며 현대적인 에너지 서비스로의 보편적 접근 보장	전기화율을 2019년까지 96.6%로 높이기 (2014: 81,5%)	에너지광물자원부 (Ministry of Energy and Mineral Re-source)
	1인당 전력소비량 2019년까지 1,200kWh로 늘리기(2014: 843kWh)	
	2019년까지 110만가구에 도시가스 설치하기(2014: 20만)	
	2019년까지 600만 어업종사자 가구에 가스 공급하기	
7.2 지속적으로 재생가능한 에너지 사용 비율 높이기	2019년까지 재생가능한 에너지 사용 비율 10~16%까지 높이기	에너지광물자원부
7.3 에너지 효율성 개선 속도를 2배로 높이기	1년에 1%씩 1차 에너지 사용 비중 높이기	에너지광물자원부

출처: Asia-Europe Foundation(ASEF), Implementation Guide for the Sustainable Development Goals, 2017. 저자 재구성

소를 개발하는 데 중요 파트너로 참여했다. 또한 인도네시아 정부는 SDGs를 더욱 정교화하기 위해 법적, 제도적 지원계획을 수립하여 체계적으로 실행될 수 있도록 뒷받침했다.

개발의 파트너인 국제기구들도 인도네시아의 SDGs 실행과 발전에 중요한 역할을 담당했다. 대표적으로 UNDP는 SDGs에 대한 대통령령의 준비뿐만 아니라 관련 부처와의 협력을 통해 국가적 SDGs 로드맵 구축을 지원하고, SDGs 어젠다를 특정 목표와 전략으로 구체화하는 데 큰 도움을 주었다.

인도네시아의 사례처럼 우리도 국가의 경제발전계획과 지속가능발전계획을 동시에 고려하여 정책을 수립하고 이를 관장할 책임부서를 선정하여 계획과 실행, 평가 등을 담당하는 컨트롤타워의 역할을 부여함으로써 체계적으

로 실행될 수 있도록 만들어야 한다. 또한 추진 과정에서 다양한 이해관계자들과 협업체계를 구축하고 관련 국제기구들의 자문을 받아 계획부터 실행까지 구체적인 전략을 수립할 필요가 있다.

사례 2: 민관 개발협력의 모범, 지멘스-독일개발협력공사-호치민의 공생

독일의 대표적 기업인 지멘스(Siemens)와 독일개발협력공사(GIZ)는 개발협력 파트너십에 기반한 개도국의 도시개발사업을 추진해왔다. 독일 정부는 그동안 70개 이상의 개발도상국에서 약 3,000여 건의 파트너십을 체결했으며, 태국의 '방콕 21 이니셔티브'(2007), 인도네시아의 '자카르타 21 이니셔티브'(2011), 베트남의 '호치민 21 이니셔티브'(2011), 콜롬비아의 '보고타 21 이니셔티브'(2012) 등의 도시개발계획을 수립하여 지원했다.

이 가운데 베트남의 '호치민 21 이니셔티브(HCMC 21 Initiative, 2009~2011)'를 살펴보자. 호치민 이니셔티브는 호치민시와 독일개발협력공사, 지멘스의 공동 이니셔티브로, 베트남에서 가장 인구가 많고 역동적인 도시인 호치민의 미래 발전 방향을 제시한 전략계획으로서 모범적이라는 평가를 받았다.

호치민 이니셔티브는 'develoPPP.de'* 의 개발협력 파트너십 프로그램의 일환으로 독일개발협력공사를 통해 독일 정부와 지멘스의 후원을 받아 추진되었다. 2009년 시작되어 3년 과정으로 진행되었으며, 호치민의 장기적 비전을 공개하고 세계적 수준의 도시로 성장시킬 전략계획도 발표했다. 독일과 베트남

* 'develoPPP.de' 프로그램을 통한 파트너십은 최대 3년이다.

호치민 이니셔티브를 위한 6가지 도시 선정 기준

1. 환경보호(Environmental protection)
2. 허브로서의 접근성(Accessibility hub-function)
3. 도시 환경(Urban environment)
4. 도시 인프라(Urban infrastructure)
5. 안전 및 보안(Safety and security)
6. 내적 요인(Soft factors)

출처: 호치민시티 21 발표자료. 저자 재구성

의 도시계획가, 건축가, 경제학자, 기업가 등 다양한 분야의 전문가들을 참여시켜 호치민을 세계적인 도시로 만들려면 어떤 조치가 필요한지를 꼼꼼히 검토했다. 지속가능한 도시의 비전과 생태, 경제, 인구통계 기준, 메가트렌드까지 고려하고, 벤치마킹할 도시들을 선정했다. 선정 기준은 6가지였으며, 전 세계에서 선정된 12개 도시들과 호치민을 비교하여 지속가능발전을 궁극적 목표로 발전 방향을 정립했다.

6가지 기준에 따라 선정된 도시들 가운데 독일의 베를린이 최상위권으로 평가되었고, 호치민은 베를린의 32.6% 수준인 것으로 분석되었다. 그리고 각 기준에 따라 최고의 도시와 호치민을 비교한 결과, 세계적인 도시들 속에서 호치민이 차지하는 위치는 물론 상대적 강점과 약점, 미래의 기회와 리스크를 파악할 수 있었고, 장기적 발전 방향 및 전략에 대한 가이드라인을 마련할 수 있었다.

독일 정부와 지멘스는 폭넓은 파트너십을 통해 호치민의 지속가능발전을 위한 역량 개발, 마스터플랜 수립, 지식공유 워크숍 등을 활발하게 추진했다. 특히 지멘스는 자사의 강점을 발휘하여 고효율저탄소 교통시스템, 신재생에너지, 폐수·폐기물 처리시설, 홍수예방 등 호치민의 인프라 구축에 역점을 두고 지원

각 도시와 호치민의 비교 현황(2008)

구분	총평	환경보호	허브로서의 접근성	도시 환경	도시 인프라	안전 및 보안	내적 요인
베스트 프랙티스	**베를린**	베를린	런던	베를린	베를린	싱가포르	뉴욕
타도시 대비 호치민의 평가	**32.6%**	40.8%	18.4%	31.7%	21.5%	53.1%	42.0%

출처: 호치민 시티 21 발표자료. 저자 재구성

호치민의 SWOT 분석

구분	강점	약점	기회	위험
환경보호	낮은 탄소배출량	재생에너지에 대한 낮은 관심	환경보호에 관한 기준 향상	자동차 증가로 인한 공기오염
허브로서의 접근성	내륙 수로의 연결	높은 물류비용	잠재적 성장 가능성	높은 물류비용
도시 환경	고용의 전국화	높은 인구밀집도	대중교통지향형 개발	환경보전구역 손실
도시 인프라	잘 정비된 배수관	부족한 물 공급	대중교통지향형 개발	더딘 홍수 측정 시스템의 발전
안전 및 보안	낮은 범죄율	낮은 교통법규 준수의식	관광객 유치	이기주의 증가로 인한 범죄 상승
내적 요인	건강 관련 시설	스포츠 및 문화 시설 미비	잠재적 젊은 인구	문화에 대한 낮은 관심

출처: 호치민 시티 21 발표 자료. 저자 재구성

했다.

이와 같은 개발협력으로 독일 정부는 현지 정부와 네트워크를 구축하고 개발사업의 기획부터 실행까지 참여하면서 후속사업에 대한 정보까지 사전에 파악할 수 있게 되었고, 지멘스 또한 기업의 이미지 향상과 더불어 이해관계자들과의 네트워크를 통해 새로운 사업 기회를 확보하는 데 유리한 위치를 차지할 수 있었다.

독일개발협력공사와 지멘스의 개도국 개발협력 사례를 참고하면 우리도 북한의 지속가능한 도시개발을 위한 마스터플랜을 구상해볼 수 있을 것이다.

사례 3: 오염도시에서 친환경도시로, 중국의 톈진 생태도시개발사업

톈진 생태도시는 2007년부터 중국의 지속가능도시개발 1기 사업으로 시작되었다. 중국 정부는 급격한 도시화로 환경오염, 교통체증, 주택과 식수 부족 등의 문제들에 직면하면서 지속가능한 도시의 모델을 만들기 위해 도시개발사업에 본격 착수했다.

톈진 도시개발사업은 사람과 경제, 자연환경의 3가지 요소를 조화시킬 목적으로 진행 중이며, 2020년까지 30㎢의 부지에 35만 명의 인구를 수용할 계획이다. 또 자연습지 상실 제로, 도시의 재활용률 60% 이상, 1인당 녹지면적 12㎡ 이상 등을 목표로 톈진을 '종합개혁시범구'에 포함시켜 각종 투자와 무역 관련 우대조치를 실시하고 있다.

중국은 이 사업을 싱가포르와의 합작으로 진행하고 있다. 각 50%의 지분으로, 중국은 국유기업인 타이다투자지주회사와 국가개발은행이 참여하여 개발용 현물을 출자하고, 싱가포르는 케펠그룹이 개발자금을 제공했다. 저탄소 관련 산업 등 생태적 요소를 강조하며, R&D, 전력 생산 및 환경보호, 문화활동, 서비스산업 등을 육성할 계획이다. 또한 교통 인프라 측면에서 2020년까지 전기버스 등 환경친화적 교통시설을 90% 이상 확대한다는 목표를 가지고 자전거와 보행을 적극 장려하고 있다. 에너지 인프라 측면에서는 건물, 벽면, 창문, 가로등 위에 태양전지판을 부착하거나, 지열을 활용한 전기를 생산하고, 태양광터널 등을 반지하에 설치하여 형광등 사용을 줄이는 등 곳곳에서 신재생에너지

를 활용하고 있다.[*]

현재 톈진 생태도시는 과거의 오염도시에서 친환경도시로 탈바꿈하고 있다. 시민들은 친환경 대중교통을 이용하고, 거리의 보도블록은 빗물이 잘 스며드는 모래벽돌로 가로수를 보호하며 물의 자연정화를 돕는다. 쓰레기통도 태양광패널로 만들어져 야간의 어둠을 밝히고 있다. 상수도시스템 역시 누수를 최소화할 수 있게 설계되었고, 빗물은 따로 저장했다가 18개의 펌프를 이용해 인공연못에 공급한다. 이 밖에도 톈진은 시민들에게 무상 통학버스와 급식을 제공하고, 유치원에 다니는 아이의 부모에게 매달 1,000위안의 보조금을 지급하는 등 학생 유치에도 적극 나서고 있다.[**]

그러나 지속가능한 도시로 거듭나고 있는 톈진도 문제점을 안고 있다. 우선, 공급자 중심의 관점에서 설계된 탓에 인구 유입이 저조하다. 2020년까지 35만 명을 유치한다는 계획이지만, 목표의 10% 수준에 그치고 있다. 또한 개발지역과 시내가 멀리 떨어져 있어 이동하는 데 1시간 이상 걸릴 만큼 교통이 불편하다.

톈진 생태도시의 사례는 지속가능한 도시를 만드는 것이 단지 정부의 야심찬 정책과 잘 짜인 계획, 첨단기술의 적용만으로는 성공할 수 없다는 사실을 보여준다. 앞으로 북한의 도시를 개발할 때 이러한 점을 충분히 감안하여 지역의 주민들을 포함한 거버넌스를 구성하고, 원활한 논의를 거쳐 수용자의 실제 니즈가 반영된 계획을 수립해야 할 것이다.

* 김형민, 중국 톈진 생태도시 개발사업, 2013

** 테크엠, 악취 나는 저수지를 생태도시로… 중국 톈진 생태도시, 2016. 10. 11.

지속가능발전을 지속가능하게 하는 프로그램

최근 들어 유엔은 빅데이터를 활용, 지속가능발전에 기여할 수 있는 방법을 찾고 있다. 사무총장 주도로 글로벌 펄스(Global Pulse)라는 프로그램을 만들어 미국의 뉴욕과 인도네시아 자카르타, 우간다 캄팔라에서 펄스랩(Pulse Lab)을 운영하며 위기와 재난으로부터 취약계층을 보호하고 SDGs 달성을 향상시키는 연구를 진행 중이다. 이 외에도 소셜미디어를 통해 식량 가격을 모니터링하고, 모바일 데이터로 가계의 지출을 파악하고, 위성 이미지로 홍수 및 가뭄 등의 상태를 확인할 수 있게 해주고 있다. 유엔은 이를 통해 관련 정보들을 SDGs의 지표와 매칭시켜 현황을 파악하고 개선점을 도출한다.

이 플랫폼을 북한에 적용하면 어떨까? 북한은 인터넷 활용이나 정보 공유가 자유롭지 않은 상태이지만, 600만 명의 주민이 휴대전화를 사용하고 있다. 주민들이 사용하는 휴대전화의 데이터를 활용하여 필요한 지표들을 구하고, 북한 정부와 협의하여 SDGs의 추진을 위한 데이터를 구축할 수 있을 것이다.

빅데이터를 활용한 지속가능발전목표 향상 방법

1. 빈곤퇴치	6. 깨끗한 물과 위생	10. 불평등 해소	14. 수자원 보호
휴대전화의 소비 패턴으로 소득 수준의 지표 제공	워터펌프에 연결된 센서로 깨끗한 물에 대한 접근 추적	지역 라디오 콘텐츠의 음성 분석을 통해 사회적 차별 및 정책 지지 여부 모니터링	해상선박 추적 데이터를 통해 불법적이고 규제·보고되지 않은 어로활동 파악
2. 굶주림 없게 하기	7. 구할 수 있는 깨끗한 에너지	11. 안정적인 도시와 커뮤니티	15. 생태계 보호
크라우드소싱*과 온라인에 기재된 식품가격 추정을 통한 실시간 식량안보 모니터링	전력회사들이 에너지 낭비를 막기 위해 스마트미터링**으로 전력, 가스, 물의 흐름을 제어하고 안정적인 에너지 공급 보장	위성원격감지장치로 공원과 숲 같은 공공장소에 대한 침해 추적	소셜미디어 모니터링으로 피해자 위치, 산불 또는 연기의 영향 및 강도에 대한 실시간 정보를 제공하여 재난관리 지원
3. 건강하고 질 좋은 삶	8. 양질의 일자리와 경제성장	12. 책임감 있는 소비와 생산	16. 평화, 정의 그리고 제도
휴대폰 이용자들의 동선 파악을 통한 전염병 전파 예측	국제우편량 패턴 분석으로 경제성장, 송금, 무역, GDP 같은 지표 제공	온라인검색 패턴과 전자상거래 동향 분석으로 에너지 효율이 높은 상품에 대한 거래 동향 표시	소셜미디어 감성 분석을 통해 효과적인 거버넌스와 공공서비스 제공, 인권에 대한 여론 파악
4. 질 좋은 교육	9. 산업, 혁명 그리고 인프라	13. 환경보호에 대한 움직임	17. 목표에 대한 파트너십
시민 보고를 통한 학업 중퇴율 모니터링	GPS기기를 통해 얻는 데이터를 교통정리와 대중교통 향상을 위해 사용	위성사진과 사람들이 제공한 증언, 공개된 자료를 통해 산림벌채 현황 추적	통계와 모바일, 인터넷 데이터의 결합을 가능케 하는 파트너십으로 초연결 세계에 대한 보다 나은 이해 제공
5. 양성평등			
금융거래 분석을 통해 소비 패턴 및 남자와 여자에 미치는 경제적 영향 파악			

출처: 유엔, 글로벌 펄스 사이트. 저자 재구성

* 크라우드소싱(crowdsourcing): 대중의 참여로 해결책을 얻는 방법
** 스마트미터(smart meter): 전기에너지 소비량을 기록하여 전력 공급자와 가격 책정에 대해 협의할 수 있게 하는 기기

지금 우리가 준비해야 할 것들

현재 진행 중이거나 계획 중인 남북협력에서 지속가능발전 프레임은 어떻게 활용되고 있을까? 한국 정부와 공공기관, 대북지원 비영리단체들, 그리고 민간기업으로 나누어 각각의 부문에서 지속가능발전 프레임이 어떻게 적용되고 있는지, 그리고 앞으로 어떻게 발전시켜야 하는지를 알아보자.

정부 및 공공기관: 지속가능발전의 마스터플랜을 수립하라

정부와 공공기관이 추진하는 남북협력은 크게 경제협력과 사회문화협력으로 구분할 수 있다. 경제협력은 '한반도 신경제 구상'이라는 정책으로 대표되고 있는데, 남과 북이 상생의 경제협력을 통해 한반도의 경제적 번영을 이루자는 것이다. 이를 위해 통일부에서 한반도 신경제지도 특별팀을 가동하는 등 준비가 활발하다. 각종 제재조치로 실질적 진전을 보지 못하고 있지만, 미래의 성과가 기대된다.

정부의 지속가능발전 프레임 활용은 아직 미미한 수준으로 파악된다. 이유는 크게 2가지다. 첫째, 정부와 공공기관에 지속가능발전이라는 프레임이 아직은 생소하기 때문이다. 지속가능발전 프레임의 주무기관으로 지정한 환경부와 유엔기구들을 상대하는 외교부 등 관련 부처를 제외하면 지속가능발전이라는 프레임은 정부와 공공기관의 정책 개발과 집행에 별 영향을 미치지 못하고 있다.

둘째, 한국의 발전 경험과의 충돌이다. 지난 70년간 초고속 압축성장을 해온 한국에서는 경제성장을 위해 환경과 인권 등 많은 부문이 홀시되었다. 게다가 한국의 개발 과정이 세계에 유래가 없을 정도의 성공 사례였다는 사실이 부각되면서 북한도 같은 방식으로 개발해야 한다는 인식이 사회 전반에 심어지게 되었다. 이 같은 현실에서 지속가능발전 프레임은 새로운 대안으로 쉽게 받아들여지지 않고 있다.

지속가능발전의 프레임을 현실적 대안으로 정착시키기 위해서는 어떤 노력이 필요할까? 먼저 정부 및 공공기관에서는 컨트롤타워와 같은 기관을 내세워 북한과의 개발협력이 유기적으로 추진될 수 있도록 만들어야 한다. 정부부처와 산하기관의 활동 내역이 투명하게 공개되어 협력과 지원이 중복되거나 혼선을 빚지 않고 효율적으로 이루어질 수 있게 해야 한다. 지속가능발전 마스터플랜 수립도 필요하다. SDGs 17개를 통합적으로 연계하여 시너지를 낼 수 있게 하는 개발협력의 종합 설계도가 있어야 한다. 북한과 유엔의 지속가능발전 합의사항을 고려하여 개발협력의 우선순위를 도출하고 지속가능발전 역량을 높이는 방향으로 사업을 설계해야 한다. 마지막으로, 마스터플랜 수립 및 개발협력의 기초가 되는 북한의 통계자료를 통합하여 관리할 수 있어야 한다. 보다 원활한 교류와 신뢰 형성이 필요한 이유가 여기에 있다.

주목되는 코이카의 역할

한국국제협력단(KOICA, 이하 '코이카')은 한국의 국제개발협력을 주관하는 단체로, 지속가능발전 프레임에 대한 이해도가 높다. 이미 개도국과의 개발협력 과정에서 지속가능개발 프레임을 활발하게 활용하고 있기도 하다.

코이카는 유엔을 비롯한 개발협력을 담당하는 국제기구 및 단체들과 밀접한 협력관계를 형성하고 있는데, 이러한 파트너십은 향후 북한 개발과 관련하여 많은 국제기구와 관련 기관들을 효과적으로 조율하는 데 매우 유용할 것이다.

코이카의 대북개발협력 참여 관련 논란*도 지원이 가능하다는 쪽으로 여론이 모아지고 있다. 2018년 국정감사에서 천정배 국회의원은 "앞으로 북한 개발협력에 관심을 둔 국제기구들이 모두 참여하는 국제공동조사단을 구성할 경우 언어 소통이 되고, 남북협력의 중요성과 당위성을 깊이 인식하는 코이카가 조사단을 주도하면서 북한과의 중재 역할을 하면 좋을 것"이라고 권유하기도 했다.** 실제로 북한과의 개발협력이 본격화되면 코이카는 자체의 개발협력뿐만 아니라 정부 및 공공기관의 남북협력사업들이 지속가능발전 프레임에 부합하는 방향으로 진행되도록 선도하는 역할을 담당할 수 있을 것이다.

* 한국국제협력단법(제2조)에 원조대상국은 '국가'라고 규정되어 있어 코이카가 대북개발협력에 직접적으로 참여하면 논란이 발생할 수 있다는 것이 기존의 유권해석이었다.

** 연합뉴스, 천정배 'KOICA 인력·노하우 北 개발협력에 활용해야', 2018. 10. 10.

대북지원 비영리단체: 효과성이 높은 프로그램을 개발하라

정부와 공공기관에 비해 대북지원 비영리단체들은 지속가능발전에 대한 관심과 활용 의지가 상대적으로 높은 편이다. 2015년 지속가능발전 프레임이 도입된 이후 이들 단체들은 새로운 개발 프레임이 대북협력에 어떻게 활용될 수 있을지 다양한 각도에서 검토하고 준비하는 모습을 보여왔다. 의료, 교육, 농업, 환경 등 다양한 분야에서 대북협력을 지속가능발전 프레임에 부합하는 방향으로 진행하려는 그들의 의지가 상당하다.

이러한 변화는 달라진 북한의 태도에 기인한 측면이 있다. 남한의 인도적 지원에 대한 북한의 관심과 필요가 확연히 줄어들었기 때문이다. 국제사회의 대북제재가 계속되는 상황에서 정치적 이유 등으로 받아들이기가 쉽지 않은 것이다. 강영식 우리민족서로돕기운동 사무총장은 "인도적 대북지원이란 패러다임은 이제 역사적 사명을 다하고 종언(終焉)을 고했다고 해도 과언이 아니다"라고 말했다.* 그러면서 "과거의 관행에서 벗어나 새로운 상상력으로 대북사업을 디자인해야 한다"고 주장했다. 이러한 주장은 대북지원 민간단체들에 대한 냉혹한 평가인 동시에 매우 현실적인 제안이라고 할 수 있다.

현재 우리민족서로돕기운동, 월드비전, 초록우산 등의 대북지원 민간단체들은 '지속가능한 개발협력'을 새로운 대안으로 간주하고 더욱 활발한 대북지원 활동을 모색하고 있다. 대북지원과 개발협력 사업이 활력을 찾기 위해서는 남북의 정치적 상황과 무관하면서 국제사회의 지지와 인정을 받을 수 있는 지속가능발전 프레임이 최적이라고 판단하기 때문이다.

* 우리민족서로돕기운동 정책토론회, 2010. 9. 28.

국제 민간단체들은 지속가능발전 프레임이 국제사회에서 채택된 2015년보다 훨씬 이전부터 지속가능한 대북지원에 대한 필요성을 제기하고 그에 맞는 방법을 꾸준히 시도해왔다. 좋은 예로 1998년부터 대북지원사업을 벌여온 미국의 구호단체 글로벌 리소스 서비스(Global Resource Services, GRS)가 있다. 이 단체는 의료, 농업, 교육 등에서 다양한 방법으로 북한을 지원해왔는데, 로버트 스프링스 회장은 한 언론과의 인터뷰에서 "대부분의 민간단체가 북한 사회의 특수성으로 인한 어려움으로 활동을 접은 반면, GRS가 지금까지 대북지원을 계속해올 수 있었던 저력은 단순한 지원이 아니라 지속가능한, 장기적으로는 북한의 자생 능력을 키워주는 개발지원을 해온 까닭이다"라고 말했다.* 그는 또 2013년 한국 강연에서 북한 인구의 13%에 해당하는 중간 지도층의 신뢰를 얻기 위해 북측 파트너와의 관계(relation), 존중(respect), 조화(reconciliation)를 최우선으로 하는 '3R' 전략을 구사한다고 밝혔다. 협력 당사자와의 지속가능한 관계 구축도 매우 중요하다는 말이다.

대북지원 민간단체들이 가야 할 길은 자명하다. 협력 대상자와 지속가능한 관계를 구축하고, 지금까지의 대북지원활동들을 면밀히 돌아보아 지속가능발전목표의 분야별 취약성을 제고하는 방향으로 사업을 재검토하고 효과성을 높이는 프로그램을 설계하여 실행해야 한다.

민간기업: SDGs와 연계한 비즈니스모델을 구상하라

북한 개발과 관련하여 민간기업의 활동은 '개발협력'보다는 '경제협력'으

* VOA, 대북지원 10년 미국 민간단체 GRS '지원보다 지속가능발전 협력 중요', 2008. 3. 24.

로 표현하는 것이 일반적이며, 정부 및 민간단체들의 활동과는 다른 영역으로 간주된다. 하지만 거시적 관점에서 보면 기업의 경제협력, 정부의 협력사업, 민간단체의 지원사업은 별개의 영역이 아니라 북한 개발이라는 공동의 목표를 위해 서로 밀접하게 관련된 세 부문이다. 이 중에서도 우리가 민간기업의 경협에 더욱 주목하는 이유는 국가 개발에 미치는 영향이 정부나 민간단체보다 훨씬 광범위하고 직접적이기 때문이다.

그런데 그간의 대북사업들을 되짚어보면 지속가능성에 대한 고민과 적용의 흔적을 발견하기 어렵다. 저임금 고숙련의 노동력에 의존한 개성공단, 천혜의 관광자원을 활용한 금강산관광사업, 북한의 수산물 및 지하자원 무역 등에서 북한의 경제와 사회, 환경을 고려하는 지속가능성이 중요하게 검토된 적은 거의 없었다. 단기 수익성을 노린 영세사업들은 두 말할 나위도 없다.

그렇다면 앞으로 재개될 남북경협에서는 어떤 모습을 보여야 할까? 당연히 지속가능발전에 중심을 맞추어 사업들을 전개해나가야 한다. 그런데 남북경협에 대한 기대감이 가득한 상황에서 지속가능성의 필요성과 기업의 역할에 대한 논의를 찾아보기가 쉽지 않다. 지속가능발전의 중요성을 인식하는 몇몇 기업과 컨설팅업체가 있지만, 그들의 목소리는 극히 작은 편이다.

무엇보다 민간기업들이 지속가능발전의 관점에서 비즈니스와 연계한 경제협력을 구상할 필요가 있다. 지속가능발전경영을 선택이 아닌 의무로 받아들여 미래 사업을 추진해야 한다. 두산그룹은 자사가 보유한 담수 및 상하수도 사업 노하우를 활용하여 SDG6을 달성하는 사업을 개도국에서 전개하고 있다. 북한과의 경제협력에서도 이처럼 자사의 강점을 살려 북한의 지속가능발전 역량을 제고하는 비즈니스모델을 구상해야 한다. SDGs 달성을 위한 솔루션을 개발하고 이행하면서 새로운 성장 기회를 찾을 수 있고, 지속가능발전사업을 추진하는 국제기구들과의 협업을 통해 리스크를 줄일 수 있을 것이다.

성공하는 지속가능발전 인식과 개발협력 지원 방법

새로운 남북협력에 대한 기대감이 어느 때보다 높은 가운데 통일부를 비롯한 정부의 모든 부처와 공공기관에서 대북협력사업에 대한 발굴 노력이 한창이다. 민간 대북지원단체들에서도 자신들의 역할 변화를 진지하게 모색하고 있으며, 민간기업들도 한국 경제의 활로를 남북경협에서 찾으려는 움직임으로 분주하다. 그러면서도 북한의 지속가능발전 필요성에 대한 인식은 여전히 미흡해 보인다. 그나마 민간 대북지원단체들이 지속가능한 개발을 위해 고민하는 모습을 보여주고 있지만, 구체적이고 실질적인 실천 방안은 준비하지 못하고 있다. 정부와 기업들은 북한의 지속가능발전에 대한 담론 자체가 생소한 실정이고, 과거의 개발모델인 압축성장과 해외사업의 단기적 수익 극대화를 지배적인 패러다임으로 받아들이고 있는 듯하다.

이러한 여건에서 향후 추진하게 될 개발협력이 북한의 지속가능발전에 기여하게 하려면 무엇보다 지속가능발전에 대한 활발하고 구체적인 담론과 실천적 준비가 절실하다. 특히 기업들이 주도하게 될 경제협력에서 지속가능한 경제발전모델을 지향할 수 있게 유도하는 노력이 중요하다. 이것이 북한의 지속가능발전의 성패를 좌우하는 관건이 될 수 있기 때문이다. 이를 위해 정부는 교육, 보건, 환경, 거버넌스 등 북한 사회의 지속가능발전에 기여하는 사업을 계획하는 기업이나, 평양 중심의 개발보다 낙후지역의 개발에 관심이 있는 기업에 우선적으로 투자권과 정책자금을 제공하는 방안을 고려할 수 있다. 또한 기업들이 주도하는 경제협력에서 다루지 못하는 부문에서 민간단체들이 북한의 지속가능발전에 중요 역할을 담당할 수 있도록 지원하고 환경 조성을 위해 북한 당국을 설득하는 노력을 강화할 필요가 있다.

6가지 과제, 6가지 해법

2018년 역사적인 남북정상회담과 북미회담 이후 남북교류 재개에 대한 기대감도 커지고 있다. 2019년 2월의 2차 북미정상회담에서 북한의 비핵화 과정이 결코 쉬운 문제가 아니라는 사실을 확인했지만, 70여 년간 끊어져 있던 철도의 연결을 시작으로 개성공단의 재개 가능성과 함께 다양한 방면의 경제협력사업들이 준비되고 있다. 국제사회에서도 핵을 포기한 후의 북한 개발을 지원하기 위한 방안들을 모색 중이다. 세계은행을 비롯한 국제 금융기구와 UNDP, WFP 등의 유엔기구들, 스위스와 독일을 위시한 유럽 국가들까지 대북지원을 위한 기지개를 켜고 있다.

파트너십 구축을 위한 첫 단추

세계 최빈국 중 하나인 북한의 주민들을 빈곤과 고난의 굴레에서 벗어나게 하는 일은 반드시 필요하고 시급한 일임에 분명하다. 하지만 그간의 과정에서 나타났듯이 긴급구호나 단편적 개발에 치우친 지원은 부작용도 많고 비효율적일 수 있다. 이제부터라도 북한의 지속가능한 발전에 초점을 맞춘, 보다 체계적이고 생산적인 방식의 지원과 개발이 이루어져야 한다.

이러한 관점에서 우리가 지금까지 다룬 지속가능발전 프레임과 17개의 지속가능발전목표가 향후 북한의 개발협력에 시사하는 정책적 방향과 과제들을 6가지로 정리하여 제시한다.

과제 1 지속가능발전 프레임은 유엔을 중심으로 전 세계의 모든 국가들이 협의하여 선정한, 가장 권위 있고 실질적인 해법으로, 북한의 개발협력 과정에서도 도입될 것이 확실하다. 따라서 대북지원에 관심 있는 국가와 기관에 북한의 현실을 지속가능발전 프레임으로 평가한 자료를 공유할 필요가 있다. 이는 보다 효과적인 국제적 지원 파트너십 구축에 가장 중요한 첫 단추를 끼우는 일이다.

과제 2 지속가능발전목표별 현황을 공개하여 향후 어떤 분야에 지원과 개발이 집중되어야 하는가에 대한 정책적 방향성을 제시할 필요가 있다. 특히 SDSN이 발표하는 보고서에 나타난 각 분야별 평가에서 빨간색으로 나타난 분야를 주목할 수 있게 해야 한다. 가장 취약한 분야가 그 사회의 지속가능성에 가장 중요한 부분이기 때문이다. 한국과 국제사회는 이러한 분야에 대한 집중 지원을 위해 긴밀하게 협의하고 적절하게 역할을 분담해야 할 것이다. 비교적 양호한 분야에 대해서는 재정적 지원보다 자체 시스템과 역량을 안정화, 성숙화할 수 있는 방향으로 지원을 고려해야 할 것이다.

대한민국은 운전자가 될 수 있을까?

과제 3 지속가능발전목표별 개발지원전략을 단기적, 인도적 지원에서 지속가능한 개발협력으로 전환해야 한다. 앞에서 살펴본 대로 농업 분야처럼 많은 지원이 이루어졌음에도 불구하고 지속가능발전 프레임으로 평가할 때 만족할 만한 성과를 올리지 못한 부분은 지원의 효율성을 제고하는 방법에 대한 고민이 반드시 필요하다. 또한 도로, 항만 등과 같은 인프라와 자체 역량 강화를 통해 지원이 없는 상황에서도 발전해나갈 수 있는 토대를 구축하는 것이 중요하다.

과제 4 다가올 통일을 위한 준비작업도 진행해야 한다. 두 체제가 하나의 체제로 모아지는 통일은 어떻게 양측의 격차를 좁혀 동일한 시스템으로 통합하느냐에 성패가 달려 있다. 이는 단지 30배에 달한다고 알려진 소득격차의 해소만을 의미하지 않는다. 교육, 보건, 환경, 복지 등 사회 전반에 걸쳐 70여 년의 분단이 낳은 차이들을 성공적으로 극복할 때 바람직한 통일도 가능할 것이다. 앞으로 한국 정부와 민간단체, 기업이 지원가능발전목표별로 지원 분야를 비교, 분석, 선정하면서 반드시 남북의 차이를 고려해야 하는 이유가 여기에 있다.

과제 5 지속가능발전 프레임을 국가발전전략의 중심축으로 만들기 위한 사회적 노력이 시급하다. 북한의 변화와 발전을 지속가능한 모델로 이끌어가고, 이를 통해 통일을 위한 준비 과정을 효과적으로 감당하기 위해서는 먼저 우리 자신부터 달라져야 한다. 초고속 압축성장으로 불리는 경제 우선의 발전모델에 익숙해져 있는 사회의 성장 지상주의를 환경과 인권, 다양성 등을 존중하는 지속가능발전모델로 전환해야 한다.

과제 6 대북지원에 관한 통계 역량의 강화를 언급하지 않을 수 없다. 앞에서 지적한 바와 같이 한국 정부는 대북지원 통계시스템에 지속발전가능 프레임을 도입하지 않고 있다. 다시 말해서 지속가능발전목표별로 과거에 정부와 민간단체들이 지원한 금액과 내용을 알 수 없는 현실이다. 이는 국제사회가 2015년부터 지속가능발전 프레임을 도입하여 국제개발협력 지원 현황을 공개적으로 파악하고 분석할 수 있게 한 것과도 상치된다. 문제는 여기에 그치지 않는다. 앞으로가 더 문제다. 대북지원의 통계 역량을 강화하지 않으면 북한과의 개발협력 과정에서 우리 대한민국이 운전자 역할, 즉 리더십을 발휘하는 데 큰 장애가 될 수 있다. 지속가능발전 프레임에 대한 준비와 적용이 미비한 상태에서는 국제사회에 대북지원의 효율적 파트너십을 제안할 자격도 명분도 가질 수 없기 때문이다.

전 세계가 인정한 지속가능발전 프레임은 앞으로 북한과의 개발협력 과정에서 매우 중요하고 유용한 국제적 기준이 될 것이다. 장기적으로 북한이 지속가능한 발전의 길로 나아가고, 그 길에서 남북의 격차를 좁혀 인류 사회에 기여하는 통일을 준비하기 위해 지속가능발전 프레임을 적극 도입하고 활용해야 한다.

창문을 열기 전에 모기장을

간혹 지속가능발전이라는 개발 프레임이 앞으로 전개될 남북경협이나 국제사회와의 경제협력에서 의미 있는 역할을 할 수 있을지 의문을 제기하는 사람을 만난다. 북한이 발등에 떨어진 불 같은 위기의 상황에서 지속가능성을 진지하게 고려할 수 있을까를 묻는 것이다. 일리 있는 질문이지만 그에 대한 대답은 '반드시 그럴 것이다'이다.

영어에 '탱고를 추려면 두 명이 필요하다(It takes two to tango)'는 표현이 있다. 경제협력에도 두 주체가 필요하다. 북한이 한 주체이고, 또 다른 주체는 대한민국과 국제사회가 될 것이다. 그리고 대한민국과 국제사회의 경제협력모델은 이미 지속가능한 단계로 전환되었거나 그 과정에 있다. 북한도 예외가 될 수 없다. 투자를 받거나 협력사업을 진행하려면 국제사회의 지원이 필요한데, 그 과정에서 지속가능성이 매우 중요한 기준이 될 것이기 때문이다. 한 예로 수출입은행이 2018년 12월 3,500억 원 규모의 SDG채권을 발행했는데, 이 채권은 유엔의 지속가능발전목표에 한해 자금을 지원하는 특수목적채권이다.

지속가능성은 앞으로 국제사회의 경제 교류에서 더 중심적인 역할을 할 것으로 보인다. 미국, 일본, 유럽에서는 이미 지속가능발전이 사회의 핵심 가치로 자리 잡은 상태이며, 북한이 이들 국가나 기업들과 경제협력을 진행하려면 그들이 요구하는 기준들, 특히 물리적·사회적 환경보존이 의미하는 바를 파악하고 그 기준을 충족시키기 위한 노력을 하지 않으면 안 된다. 개발에 소요되는 막대한 재원을 지원해줄 수 있는 세계은행, 아시아개발은행, 아시아인프라투자은행 등과 같은 국제 금융기구들을 파트너로 삼기 위해서도 지속가능성을 우선적으로 고려해야 한다. 이들 국제 금융기구들은 매년 자신들의 투자가 각국에서 얼마나 지속가능한 개발에 이바지했는지를 국제사회에 공시해야 할 의무가 있다. 따라서 투자 결정 시에 지속가능성 여부를 철저히 평가한다.

그러면 경제협력의 또 다른 주체인 북한은 지속가능한 발전에 얼마나 관심을 가질까? 초기 단계에서는 큰 관심을 갖지 않을 수도 있다. 설사 김정은 위원장을 비롯한 북한 지도부가 지속가능한 개발이라는 대명제에 긍정적 인식을 갖고 있다고 해도 실제로 집행하는 관리들과 기업들은 그보다 '무조건 빨리' 경제를 성장시키고 싶은 마음이 강할 수 있다. 하지만 시간이 지날수록 현실적 필요에 따라 지속가능한 발전모델에 대한 관심이 커질 것이다. 국제사회가 왜 그렇게 지속가능성을 강조하는가에 대한 의문에서 70년간 기다려온 개발 기회를 붙들어 북한을 지속가능한 국가로 만들어야겠다는 판단을 내리기까지 걸리는 시간은 북한에 대한 비관론자들이 생각하는 것보다 훨씬 빠를 것이다. 북한이 공부하고 있는 중국과 베트남, 여타 국가들의 경험에서 보더라도 경제협력이 본궤도에 오르면 지속가능발전에 대한 긍정의 목소리가 속속 올라오게 된다. 북한도 그럴 것이다.

"창문을 열면 신선한 공기도 들어오지만, 파리와 모기도 들어온다."

중국의 개혁개방을 성공적으로 이끈 덩샤오핑이 한 말이다. 어떤 이들은 이 말을 들어 경제개발을 위해서는 어느 정도의 환경 훼손과 사회적 가치의 희생이 불가피하다고 주장한다. 대한민국도 과거에 그랬다고 하면서. 하지만 시원한 공기를 들이는 동시에 모기를 막는 방법도 분명 존재한다. 바로 모기장을 설치하는 것이다. 이 간단한 조치로 성가신 모기를 막을 수 있다는 것을 알게 된 사람은 누가 뭐라 해도 모기장을 치게 된다. 지속가능발전이 바로 그렇다. 모기장을 치고 시원한 바람을 쐬는 것이다. 모기장이 있는데 당장 땀이 흐른다고 급하게 문을 열어 방 안에 모기를 들이는 우를 범한다면 더 많은 고통이 따를 수 있다.

북한은 지금 찜통 같은 방의 창문을 열 준비를 하고 있다. 밖에서 시원한 바람이 부는 것도 잘 알고 있다. 하지만 북한이 성급하게 문을 열어 모기의 공세를 받게 하기보다 모기장을 제공하고 설치해서 시원한 공기를 즐길 수 있게 해주어야 한다. 이것이 바로 우리가 추구해야 할 북한의 지속가능발전모델이다.

모쪼록 이 책이 북한과 대한민국, 국제사회가 앞으로 만들어갈 지속가능발전의 미래를 앞당기는 마중물이 되기를 바란다.